**毎朝5分で学ぶビジネスリーダー
「ゼロ」からの心得！**

ドラッカーの教え
見るだけ
ノート

監 修
藤屋伸二
Shinji Fujiya

宝島社

ドラッカーの教え
見るだけノート

監修
藤屋伸二
Shinji Fujiya

宝島社

ビジネスパーソンに必要な
教えが凝縮されている

　"マネジメントの父"ピーター F. ドラッカー———。おそらく彼の著書を読んだことはなくても、多くのビジネスパーソンが名前を耳にしたことがあるのではないでしょうか。

　ドラッカーが私たちに教えてくれたことは、成果をあげる個人の働き方や、組織における人間関係、時間の使い方、社会の変化の捉え方など、多岐にわたっています。また、ドラッカーの教えは多くの人々に影響を与えており、現在の企業や社会の考え方は、彼の教えがベースとなっているといっても過言ではありません。

　ちなみに、ドラッカーはビジネスや経営について言及している人ではありますが、経営学者とは名乗らず、自身を社会生態学者と名乗っていました。彼は客観的に社会を観察した研究者であり、そこからわかったことを

われわれビジネスパーソンに教えてくれたコーチでもあり、時には社会の変化をも敏感に察知し、そこから未来を予見した預言者でもあります。

　なぜ、ドラッカーは社会を見続けていたのか──。それは、「どんな社会、どんな組織であれば、人を幸せにできるか？」ということが彼の最大の関心事だったからです。ドラッカーの教えは、ビジネスパーソンはもちろんのこと、社会に生きるすべての人に役立ちます。

　さて、本書はイラストをふんだんに使っており、難しいことをわかりやすく伝えています。ほかのビジネス書ではあまり語られないドラッカーの人物像にも触れており、この一冊でドラッカーの魅力が十分に伝わるものとなっています。

　1998年からドラッカーの研究に取り組み、コンサルティングの基礎理論にして多くの企業の業績のV字回復や伸長を支援してきた私にとって、ひとりでも多くの人にドラッカーの教えを活用していただけることが、望外の喜びです。

藤屋伸二

「知の巨人」
ドラッカーってこんな人！

「20世紀の知の巨人」「マネジメントの父」などと評されるドラッカーは、
どういう人生を歩んだ人物だったのでしょうか？

ピーター・ファーディナンド・ドラッカー

1909年11月19日、ウィーン生まれ。新聞記者として働きながら、フランクフルト大学の国際法・国際関係論の博士号を取得。1937年にアメリカに渡り、ニューヨーク大学やクレアモント大学などで教授を務めました。専門領域は政治、行政、経済、経営、歴史、哲学、心理、文学、美術、教育、自己実現など多岐にわたります。その膨大な著作群は"ドラッカー山脈"と呼ばれ、特にマネジメントに関する思想は後世に大きな影響を与えました。

優れた観察力

さまざまな領域を研究したドラッカーは、自らのことを社会生態学者と呼びました。社会のあり方やその変化を観察し、今もなお多くのビジネスパーソンから尊敬されています。

各国を渡り歩く

ヨーロッパの中等教育機関のギムナジウムを卒業後、ドイツの貿易会社で働き始めます。ドイツではハンブルク大学とフランクフルト大学で学び、新聞社にも勤めますが、書いた論文がナチスの怒りを買ったことをきっかけに、1933年にイギリスへ。その後はアメリカに移住し、95歳の最期まで現役で活躍しました。

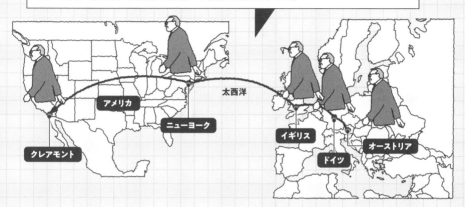

太西洋

アメリカ

ニューヨーク

クレアモント

イギリス

ドイツ

オーストリア

マネジメントの父

組織のマネジメントを研究する著作を発表して、全世界に影響を与えたドラッカー。特に1954年の『現代の経営』はマネジメントに関する代表作で、企業経営における原理原則について書かれています。こうした功績から、ドラッカーは「マネジメントの父」と呼ばれました。

我が社を研究してほしい

ゼネラル・モーターズから声がかかる

1943年にドラッカーの著作『産業人の未来』を読んだゼネラル・モーターズ（GM）の役員から依頼されて、GMの経営方針と組織構造を研究します。この研究をまとめた『会社という概念』は、のちにベストセラーになりました。

5

ドラッカーの考え方とは どういうものなのか？

常に「人は何をなすべきか」を考えたドラッカーは、
人には社会に貢献する責任があり、それこそが本当の幸せなのだと考えました。

社会とは、
そして人間とは
どうあるべきなのか？

ドラッカーにとっての最大
の興味対象は、社会的存
在としての人間でした。人
間の自由と平等のために
社会や組織、企業はどう
あるべきなのか、そして人
間は何をなすべきかを考え
続けたのです。

自分の強みで
社会に貢献しなさい

ドラッカーの結論は、「人は自分の価値観に従い、自分の強みで社会に貢献する責任があり、その責任を果たしてこそ本当に幸せになれる」というものでした。

一人ひとりが
活躍できる社会を！

こうしたドラッカーの考え方は、「目標管理」（目標と自己統制によるマネジメント）と呼ばれています。一人ひとりに能力の違いはあっても、目標を決めて体系的に学習すれば、今以上に社会に貢献できる人間になれると考えたのです。

ドラッカーから
何を学べるのか？

ドラッカーの教えで身につけられるものは、
ひとことでいってしまうと成果をあげるための能力です。

認識力

会社の状況、社会の状況を正しく把
握する力です。状況を認識することで
ビジネスチャンスも見つけられます。

構想力

事業を考え出す力です。ビジネスチャンスを実際の事業のための計画に変えていきます。

構築力

ビジネスのための仕組みをつくる力です。ビジネスを実行するための組織をつくり、その組織において働く人々の長所を引き出すための仕組みをつくります。

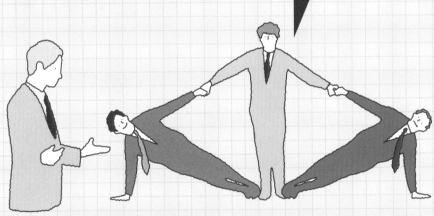

運営力

絶え間なく変化する世界情勢やビジネスシーンにおいて、状況の変化に応じた最善の成果を生み出す力。

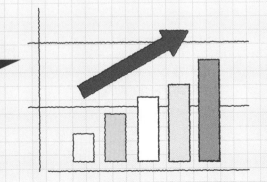

毎朝5分で学ぶビジネスリーダー
「ゼロ」からの心得！

ドラッカーの教え
見るだけノート
Contents

Chapter 1
ドラッカー流・
マネジメントの極意

Chapter 2

ドラッカーが教える
最強の組織論

Chapter 6
ドラッカーに学ぶ
企業戦略

Chapter 7
イノベーションの
起こし方

ドラッカー流・
マネジメントの極意

マネジメントやマーケティング、イノベーションなど、これらがどういうものか、あなたは知っていますか？本章でしっかり解説しているので、さっそくページをめくってみましょう

「マネジメントの父」といわれるドラッカー。マネジメントというと「管理」というイメージがありますが、彼が提唱したマネジメントの概念は、まったく違うものでした。本章では、ドラッカーの根幹ともいえるマネジメント理論を紹介します。

01 そもそも マネジメントって何？

企業や部門を運営するために、戦略、計画、実行、評価のサイクルを回すことが必要です。

「**マネジメント**」という言葉は、ドラッカーが生み出した概念といわれており、直訳すると「経営」という意味になります。マネジメントには、①事業、②管理者、③人と仕事の3つの領域があります。①は「誰に、何を、どのように」の視点から事業を定義し、戦略を策定して経営計画に落とし込むこと。②は経営計画の実行のために、ヒトやモノなど、責任を持って配分する管理者をマネジメントすることです。

マネジメントは回すことが大切

ドラッカーのことば
マネジメントとは、組織に成果をあげさせるための道具、機能、機関です

理念
方針
戦略
中期的経営計画

①事業のマネジメント

我が社はこの方向性でいこう

あなたに合う仕事を用意しました

僕はモノを管理します

ありがとうございます

うむ、任せたぞ！

私はヒトを管理します

②管理者のマネジメント

③人と仕事のマネジメント

③の「人と仕事のマネジメント」は、仕事を設計して、最適な人の採用や配置、教育、異動などを行い、モチベーションを保てるよう配慮すること。これら**3つのマネジメントをきちんと回していくことが大切だと、ドラッカーは説きました**。業績の悪い企業は、この３つのうちいずれかが抜けていることが多いからです。

仕組みをつくり実行する

中小企業は、戦略が弱いためマネジメントが機能せず、予算や実績の管理だけで終わっていることが多いようです。

業績の悪い大企業は経営計画や予算制度はあるものの、多くが「つくって終わり」になっていることがあります。

経営環境・事業目的・自社の強みから導き出された戦略（市場・商品・流通チャネル）に基づき、経営計画を策定し、実行し、評価して、次のステップに進むことが重要です。

「顧客の創造」こそが 企業の目的と説いた

企業の目的はニーズに応えることと、新たなニーズを創り出す
こと。つまり「顧客の創造」だとドラッカーは説きました。

企業の目的とは、一体どのようなものでしょうか。企業は、商品やサービスを
顧客が買ってくれないと存続することができません。存続していくためには、
既存のニーズに応え、あるいは、新たなニーズを創り出していく必要があります。
つまり、自社の望む条件で商品やサービスを買ってくれる顧客を継続的につくっ
ていくのが、企業の目的であり、存続条件でもあるのです。

ニーズに応え、新たなニーズをつくり出す

ほとんどの企業は市場を独占することはできないため、常に厳しい競争にさらされています。横並びの競争になれば価格競争も激しくなりますが、**企業として存続するためには、商品を適性（状況に合った）価格で販売しなければなりません。**そこで、価格以外で他商品との差別化をはかり、自社の望む価格で商品を買ってくれる**顧客の創造**こそが重要になってくるのです。

独自化・差別化が顧客創造のカギ

価格以外で他商品と差別化をはかり、自社の望む価格で商品を顧客に買ってもらうことが大切。

03

顧客起点が企業活動のすべてである

生産性の向上が重要と考えるドラッカーは、「顧客の創造に必要なのはマーケティングとイノベーション」と説きました。

商品を選び、購入するのは顧客です。ですから、企業が何を売りたいかではなく、顧客が求めているものをつくらなくてはいけません。顧客のニーズを探り、顧客が望む価格や流通チャネルで提供するという「顧客起点の仕組み」をつくることを**マーケティング**といいます。ドラッカーは「真のマーケティングは顧客からスタートする」と説いています。

マーケティングは顧客を起点に考える

顧客を知るためには、顧客にとっての「効用」「価格」「事情」「価値観」の４つの視点を持つことが大切です。

22

顧客のニーズを知るために予算をかけて調査会社に市場調査を依頼する企業も多いですが、それだけでは顧客のニーズを把握することはできません。**「現場に出る」「現物に接する」「現実を知る」という三現主義を実践することで見えてくるものがあるからです。**実際、ドラッカーも外に出て、よく見て、よく聞くことが重要だと述べています。

顧客を知るための三現主義

そうなんですね

最近のお客様は
こういったものを
求めていらっしゃいます

現物を
見てください

わかりました

現場に
出る

売り場

工場

顧客の潜在的なニーズはデータ収集からは見つからないため、実際に現場に足を運んで観察することが重要です。

求人情報　求人情報

現物に
接する

現実を
知る

これが
現実か……

ドラッカーのことば

マーケティングの理想は販売を不要にすることです

仕事内容によっては、店舗だけではなく工場や社員食堂、大学の求人掲示板なども「現場」になります。

04 イノベーションは
単なる技術革新ではない

ドラッカーは、「イノベーションとは新しい価値を創造すること」
と説いていますが、これはどういうことでしょうか？

マーケティングとともに顧客の創造に必要なのが**イノベーション**です。イノベーションとは、新しい経済価値を生み出し、顧客により大きな満足をもたらすこと。かつては技術の革新がイノベーションであると考えられていましたが、ドラッカーは既存の商品に新しい意味を示すことも、イノベーションだと考えました。

社会を豊かにするすべてがイノベーション

これからはドローンを
使ってはどうだろうか

認知症の予防に
なるそろばんの用
途を開発しました

環境問題

福祉問題

制度の見直し

技術的イノベーション

技術力によって新しい価値を生み出すイノベーション。老齢者を悩ます認知症の予防に、昔からあるそろばんでイノベーションを起こした、トモエのそろばんが有名。

福祉問題
環境問題
社会の課題を解決しよう

制度的イノベーション

制度にもイノベーションは起こります。たとえば、郵便制度は登場以来、郵便番号の導入など、数々のイノベーションを起こしています。

社会的イノベーション

環境問題や教育格差の問題、障害者雇用の促進など、社会の課題を解決するのが社会的イノベーションです。

マーケティングとイノベーションを行っても、生産性が悪ければ利益が出ません。企業を存続させるためには、生産性の向上が必要になります。最小の資源で大きな成果をあげるために、ヒトやカネ、モノを有効に活用しなければなりません。そして、**知識や時間、生産手段など、成果に結びつくさまざまな要素をコントロールする必要があるのです**。

生産性を高めることが重要

05 「顧客はどこにいるのか」「顧客は誰か」を問い続ける

ドラッカーは「顧客は誰か」との問いこそが、企業の使命を定義するうえでもっとも重要だと説いています。

たとえば、食品メーカーなら主婦と小売店といったように、多くの事業には2種類以上の顧客がいます。主婦が欲しいと思う商品でも、小売店が店に置いてくれなければ主婦の手には届きませんし、小売店が商品を置いてくれても主婦が買ってくれなければ売上にはなりません。**ですから、企業は主婦と小売店のどちらのニーズにも注意を払う必要があります。**

消費者だけが顧客ではない

インターネット販売では、検索順を決める Google のニーズを満たすことも重要になります。

購入者だけが顧客ではないからね

割引クーポンを配信しておきました

これをください

顧客とは、自社の商品・サービスを販売する対象。すでに購入してくれている顧客だけでなく、購入の可能性のある範囲までを含めてとらえる必要があります。

事業を取り巻く環境は常に変化しています。一度は成功した事業のあり方でさえ、永遠に通用することはありません。なぜなら、顧客の価値観は変わっていくものだからです。そのためには「**顧客は誰か**」と、常に問い続けることが大切だとドラッカーは説いています。企業は、顧客を絞り込む、顧客を特定するということを続ける必要があるのです。

顧客のニーズが事業のあり方を決める

時代や環境の変化

これ昔はよく売れたけど、もう全然売れないのよ……

もっと売れるものをつくってきます！

冷凍食品の質が上がっているから、レトルトも質の高さを求めちゃうのよね

なるほど！

なるほど、時代に合いそうだな！

顧客のニーズ

質のいいレトルト食品を充実させませんか？

事業のあり方

ドラッカーのことば

「われわれの事業は何か」を知るための第一歩は、「顧客は誰か」という問いを発することです

目標を設定するための6つの視点

「目標を検討するのは、知識を得るためではなく行動するためである」といったドラッカーは、6つの視点を説いています。

事業のあり方が見えてきたら、次は事業の目標を明確にします。目標はより具体的なほうが望ましく、ドラッカーは目標設定する際に持つべき **6つの視点** を挙げています。それは、①マーケティング、②イノベーション、③生産性、④経営資源、⑤社会的責任、⑥利益、になります。この6つの視点は、「儲けること」が基準ではありません。

事業の目標は6つの切り口から考える

・顧客が既存の商品に満足しているか
・新しい市場を創造し、新しい商品を提供できないか
・顧客は我が社を信頼しているか

・商品や商品の提供方法にイノベーションの余地はないか
・あらゆる変化に対応して行うべきイノベーションはないか

大切なのは「顧客の満足につながるか」「そのために知恵を絞って努力をしているか」という発想を基準にするという点です。 すべてを実行できる組織は存在しませんが、どれかが欠けているのもよくありません。また、目標を立てたら必ず実行することが大切です。実行に移さなければ絵にかいた餅であり、それは単なる夢で終わってしまいます。

・物的資源、人材、資金がバランスよく活用されているか
・最大の成果をあげる活用がなされているか
・経営資源の使い方は適切か

・適切な時期に施設、設備、原材料などの物的資源が十分にあるか
・よい人材を必要なだけ確保しているか
・将来のための資金は十分か

・蓄えは十分にあるか
・現状の利益で企業は存続できるか
・企業存続のための利益はどれだけ必要か
・投資のための積み立ては十分か

・消費者に誠実な配慮をしているか
・消費者をだますようなこと（例：食品偽装）はしていないか
・環境に配慮し、社会に貢献しているか

07 目標を達成するためには、戦略計画が欠かせない

ドラッカーは、目標を達成するために「長期計画ではなく戦略計画が必要」と説きました。

目標を設定したら、次は目標を達成するためにどう行動するべきか考えます。この「どう行動すべきか」を意思決定するために立てる設計図が**戦略計画**です。戦略計画の立案は手法ではなく、分析や判断を伴う思考です。未来のために今日何をするべきか、成果を出すためにどんなリスクをとるか。そして、それをどう行動に移すかを考える必要があります。戦略計画の目的は、「現在と未来を同時に経営すること」とドラッカーは説きました。

戦略計画の本質は思考

戦略計画は決まった手法やプログラムで導き出せるものではなく、常に分析や思考、判断が必要です。

未来を予想することは誰にもできません。未来のために可能性を探り、広げることが大切です。

戦略計画は、「リスクを伴う意思決定を行う」「実行するために体系的な組織活動を行う」「その活動の結果を期待した成果と比較する」という3つのステップをくり返します。**意思決定を行うときは、「どんな仕事をするか」と同時に「どの仕事をしないか」を決めることが重要です。**そして、組織活動では人やチームに具体的な仕事を割り当て、最終的には意思決定によって、とったリスクより成果が上回っているかを検証し、必要に応じて意思決定や組織活動を見直さなくてはいけません。

戦略計画は繰り返し行うことが大切

08 仕事と労働は 分けて考える

事業の生産性と働く人のやりがいを両立するのは、なかなか難しいもの。ドラッカーは、仕事と労働を分けてとらえていました。

ドラッカーは、**仕事**とは、論理的・分析的に組み立てられるものとしています。人の働きが同じでも仕組みが異なれば生産性は変わり、成果を伸ばすためには効率化することが重要になります。一方、**労働**は人の活動そのもの。働くスピードや持続力は人それぞれ異なり、同じ労働でも人によってやり方は多様です。また、人は働くことで何かを成し遂げようとするため、労働は自己実現の手段でもあります。

仕事と労働の違いを理解する

成果を伸ばすためには、論理的・分析的に工程を見直し、効率化することが必要です。

労働は自己実現の手段であり、社会との絆をつくるものでもあります。また、組織で労働する場合、必ず上下関係や権力関係が生まれます。

成果を伸ばしたい！

実行していきます

仕事＝work　　労働＝working

しかし、生産性とやりがいを両立するのは案外難しく、生産的だけど人間的ではない職場、人は生き生きと働いているものの生産性は低い職場というのはあちこちに存在します。**経営者や管理職は、成果が出る仕組みをつくり、働く人のやる気を引き出しつつ生産性の高い仕事をさせなければいけません**。そのために、仕事と労働の違いを知っておく必要があるのです。

仕事と労働をマネジメントする

組織では、仕事が生産的に行われ、人々が意欲的に働けていることが理想。仕事と労働の両立こそが、事業の生産性を高める経営のポイントであり、そのためにはマネジメントする人が必要になります。

09 生産性を高めるためには、成果を中心に考える

ドラッカーは、生産性を高めるには「成果すなわち仕事からのアウトプットを中心に考えなければならない」と説きました。

生産性とは、仕事における効率や生み出す付加価値のこと。**アウトプット**（産出物、成果物）が**インプット**（経営資源や努力の投入）を大きく上回るほど、生産性が高いといえます。生産性を向上させるには、ヒト、モノ、カネ、時間という4つの要素の配分が適切かどうかを常に検証しなければいけません。資源を上手に活用することが、生産的な仕事につながるのです。

生産性を支える4つの要素

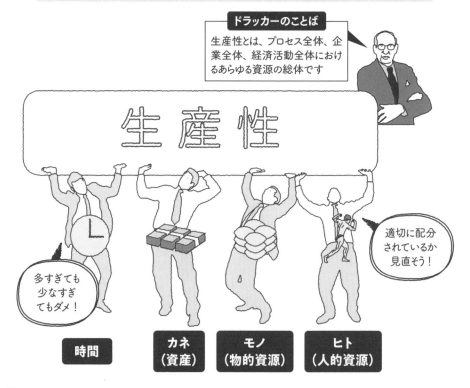

ドラッカーのことば
生産性とは、プロセス全体、企業全体、経済活動全体におけるあらゆる資源の総体です

生産性

適切に配分されているか見直そう！

多すぎても少なすぎてもダメ！

時間

カネ（資産）

モノ（物的資源）

ヒト（人的資源）

「仕事」とは、成果をあげるプロセスを論理的に組み立てたものなので、「仕事の生産性」は成果（仕事のアウトプット）を基準に考える必要があります。その方法としてドラッカーは①分析、②もっとも生産的な工程の仕組み、③工程を管理する仕組みづくり、④適切な道具の提供という４つの切り口を挙げ、よい仕事環境をつくって循環させる（マネジメントする）ことを提案しました。

成果に注目してマネジメントする

分析して必要な
手法を考えよう

個々の作業をもっとも
生産的な工程として
組み立てましょう

工程分析

ふむふむ

① 分析

工程ごとに質・量
を評価・管理する
基準を設けよう

② もっとも生産的な
工程の仕組み

③ 工程を管理する仕組みづくり

助かります！

必要な道具
を用意したよ

④ 適切な道具の提供

仕事を生産的なものにするには、一人ひとりを尊重しつつ、責任を分担することが大切です。

意思決定で大切なのは「答え」ではなく「正しい問題」

10

さまざまな問題を解決していくためには、正しい意思決定をしなければなりません。そのためには6つの手順が必要です。

ドラッカーは、**意思決定**を「effective decisions（有効な決定）」と表現しました。単に決めることではなく、組織に生じた問題をどう解決するのか決めることこそが重要だからです。問題の捉え方が間違っていれば、どんな解決策を用いても成果はあがりません。意思決定のプロセスは「解決するべき問題は何か？」を正しく知ることから始まるのです。

まずは問題の正体を明らかにする

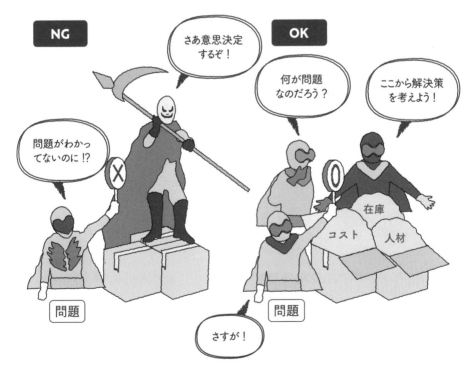

意思決定のプロセスは、①問題の定義、②意思決定の目的と目標を確認、③複数の解決策を出す、④実行手段への落とし込み、⑤徹底的に実行、⑥結果を評価するという順番で行います。通常は意思決定というと④までで終わってしまいがちです。しかし、**本来の意思決定とは「どのように行動するか」を決めるためのものですから、⑤、⑥が非常に重要だと考えられます。**

意思決定のプロセスは6段階

11 目標を達成するために よい組織文化を醸成する

「成果とは打率である」と説いたドラッカーは、長期的な成果を誠実に評価することが大切だと考えました。

会社の最大の資産は「人」です。しかし、優秀な人材がひとりいるだけでは会社は長続きしません。**そもそも会社は凡人の集まりであり、凡人が力を合わせて非凡な成果をあげるのが組織としての強みなのです。**そして、人の働き方は心の持ちようで大きく変わるため、経営者は戦略を立てたのち、成果があがる**組織文化**をつくる必要があります。

目標を達成するためには？

ドラッカーのことば
人の潜在能力を引き出すべきです

成果を基準に評価する
成果は打率で考え、失敗しても総合して評価をあげている人を正当に評価することが大切です。

真摯であること
いかに頭脳明晰で仕事が速くても、同僚や部下に真摯でないものが上司を務める組織はやがて瓦解します。

人事評価を明確にする
昇進・降格、昇給・降給、採用・解雇は、成果に注目しフェアであることが重要です。

チャンスに目を向ける
チャンスをものにすることに力を注げば、挑戦者としての興奮と満足感を常に味わい続けられます。

天才に頼らない
天才に頼って成果をあげるのではなく、凡人が集まって成果をあげることが会社の理想です。

組織の士気を上げるために大切なことは、成果を考える長期的な視点を持つことです。成果をあげる人とは価値を生み出す人のことですが、試行錯誤する段階では失敗することもあります。しかし、挑戦した人を責めてしまっては、意欲や士気は下がってしまいます。**意欲的な人材こそ失敗はつきものというチャレンジ精神を育む土壌があることも大切です。**

意欲的な人材にこそ失敗はつきもの

知られざるドラッカーの人物像①

優秀な家庭に生まれ育った社会生態学者

　ドラッカーは1909年、当時のオーストリア・ハンガリー帝国の首都、ウィーンで生まれました。

　正式な名前はピーター・ファーディナンド・ドラッカーといい、父は政府の高官、母は国内の女性としてはじめて医学を学んだ人でした。

　小学校を飛び級するほど優秀だったドラッカーでしたが、社会に出て働くことに興味があり、ドイツの大学で学びながら17歳のときに貿易会社に就職しました。

　その後、さまざまな職を経験しながら、23歳のときにイギリスに渡り、27歳のときにアメリカに移り住みます。そして、1939年、30歳のときに処女作『「経済人」の終わり』を刊行。以後、多くの著作を残しました。

　1971～2003年までの30年以上、カリフォルニア州にあるクレアモント大学院の教授を務め、2005年、96歳の誕生日の8日前に亡くなりました。

　ドラッカーは、20世紀のほとんどを生きたことから「20世紀の目撃者」と呼ばれることもあります。

用語解説 KEYWORDS

☑ KEY WORD

マーケティング

売れる仕組みをつくること。顧客を起点とする発想および活動を意味する。小売業や卸売業では仕入れ、また製造業では製造から仕組みを考えがちだが、ドラッカーのいうマーケティングは、顧客の使用状況や購入現場などからさかのぼって仕組みを考え、構築していく。

☑ KEY WORD

イノベーション

既存のノウハウや商品、顧客ニーズや市場など、すでに存在するものをより新しくしたり発想を変えたりして、新たな商品価値を生み出すこと。「よりよい商品、より多くの便利さ、より大きな欲求の満足」を求め、改善や革新を継続的に追求する仕組み、活動を指す。

☑ KEY WORD

目標設定

明確な意義や目的を持ち、それを達成するために具体的な目標を立てること。ドラッカーは目標設定の際の視点として、①マーケティング、②イノベーション、③生産性、④経営資源、⑤社会的責任、⑥利益、の6つを挙げている。

☑ KEY WORD

戦略計画

ドラッカーは戦略計画を、①リスクを伴う意思決定を行い、②その実行のために体系的な組織活動を行い、③その活動の結果を期待した成果と比較すること、と説いている。また、それをくり返し行うこととしている。

☑ KEY WORD

意思決定

経験と勘に頼らないで、あくまでルールに沿って行うもの。意思決定を行う手順としては、①問題を定義する、②意思決定の目的と目標を確認する、③複数の解決策を出す、④実行手段に落とし込む、⑤徹底的に実行する、⑥それらの結果を評価する、とドラッカーは述べている。

Drucker
mirudake notes

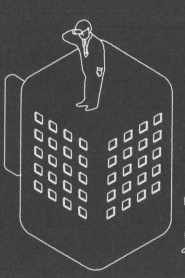

ドラッカーが教える
最強の組織論

仕事はひとりで成果を出すには
限界がある。組織に属しているのなら、
力を合わせれば大きな成果になる。
本章では、私が読み解いた
組織論の数々を解説します

ビジネスパーソンの多くは何かしらの組織に所属しているもの。ドラッカー
は、組織を研究することでさまざまな発見をし、私たちのためになるアド
バイスを多く残してくれています。組織をよりよくするためには──、本
章を読めば明らかになることでしょう。

01 組織とは目標達成のための仕組みである

組織について研究していたドラッカー。観察していく中で、組織は単なる人材の配置ではないと考えました。

ビジネスの現場では、複数の人と一緒に組織で働く場合がほとんどです。組織というと「人材の配置」と思いがちですが、それは違います。**組織とは「ヒト・モノ・カネ・時間」といった限られた経営資源を的確に配置するための仕組みなのです。**では、その**組織の設計**はどうすればいいのでしょうか。最初に考えなくてはいけないのは「何のために組織設計をするのか？」ということです。

組織＝人材の配置ではない！

組織とは単なる人材の配置ではありません。経営資源を的確に配置し、成果があがる組織づくりが大切です。

次に「目標を達成するのに必要な働きは何か」を考えます。仕事には直接的に貢献できる仕事、間接的に貢献できる仕事などがあります。それを整理して、**組織をどうまとめていけばいいのかを考えていきます**。貢献の種類で組織を区分できたら、必要な能力の質や量を決め、最後に各部署の調整がどれだけ必要かを考えます。

貢献の種類で組織を区分する

目標

少数でも攻めてみるか

目標に向かうぞ

わかりました！

山登り

少数精鋭

直接的貢献

山を登る人に水や食料を用意するのが僕の仕事だ

必要な能力、人数を割り当てるぞ

間接的貢献

目標に達するためには、「ヒト・モノ・カネ・時間」といった限られた経営資源を的確に配置することが必要不可欠となります。

02 組織を設計するには 組織の目的を明確にする

ドラッカーは、組織を設計するには、まず戦略を明確にしなければならないと説きました。

組織を設計するには戦略が欠かせません。そのためには、組織の目的を明確にし、必要な活動と不要な活動を整理しなければなりません。そのために必要となるのが**基幹活動分析**。「自社の優位性を打ち出すために、どのような業務が必要になるか」ということを体系的に理解するための分析です。**自社が勝ち残るために「強みをもっと伸ばす」と同時に、致命的な弱点は「排除・克服する」必要があります。**

強みを見つけ欠陥は克服する

ドラッカーのことば
人が何かを成し遂げるのは、強みによってのみなのです

強みは伸ばすことが大事

致命的な弱点は克服しなきゃね

強み

弱点

我が社の強みは何だろう？

しかし、経営資源は限られているので、強みを活かせる分野に優先順位をつけ、先送りや無視してもいい分野と取り組むべき分野を決めます。**その取り組むべき分野を明確にすることも、基幹活動分析のひとつです。**また基幹活動分析をする際には、常に「何を実現しようとしているのか」「それは顧客が満足することか」「社長はどうか」と自社の経営理念を順守しているか自問する必要があります。

取り組む分野を明確にする

これらは
先送りしよう

先送りする分野

取り組む分野

広報　人事

営業　販売

MARATHON

今は営業と販売に
力を入れるべきだ

研究開発　経理　一般事務

取り組む分野を
明確にしましょう

経営資源は無限にあるわけではありません。取り組むべきことを明確にするのも、基幹活動分析のひとつです。

03 組織を改善するための2つの分析

効率よく事業活動を行うにはどうしたらいいか。ドラッカーは「意思決定分析」と「関係（貢献）分析」が必要だと説きました。

ドラッカーは組織の生産性をあげるためには、「**意思決定分析**」と「**関係（貢献）分析**」が必要だと説きました。意思決定分析とは、「成果をあげるために必要な決定は何か？」「その決定はどんな影響を及ぼすのか？」「その決定を誰が実行するのか？　どこがサポートするのか？」などを分析すること。**「決定」が何をもたらすのかを把握しておくことで、部署ごとの連携をチェックできます。**

最終的な案を決める意思決定分析

関係（貢献）分析とは、部署同士の関係を正確に把握することです。「どの部署がどの部署にどんな貢献をするのか？」「自分の部署は、どの部署からどんな貢献を期待されているのか？」を明確にしておくことで、**果たされるべき貢献が生まれない場合でも原因を探りやすくなります**。もちろん完璧な組織など存在しませんが、常に組織の改善を心がけることが重要だとドラッカーは説いています。

部署間の関係を把握する関係（貢献）分析

どの部署も成果をあげられるのが正しい組織のあり方。部署同士、どんな貢献ができるのかを把握しておくことが組織づくりにおいて重要です。

04 組織がクリアにすべき 7つの条件

よい組織かどうかは、どこでわかるのでしょうか？ ドラッカーは7つの「よい組織の条件」を挙げています。

ドラッカーは組織として最低限満たされなければならない条件として、次の**7つの条件**を挙げています。①わかりやすいこと。②経済的であること。③方向がブレないこと。④仕事が明確なこと。⑤意思決定しやすいこと。⑥組織構造が安定していること。⑦存続し続けること。これがよい組織の条件です。①～⑤の条件を見ると、ドラッカーは「明快さ」を重視していることがわかります。

よい組織の7つの条件

① わかりやすいこと

「誰に聞けばいいのか？」「必要な情報はどうやって入手するのか？」など、さまざまな面でわかりやすいこと。

これについて聞きたいんですけど……

あ～、それね

まぁ、待ちなさい。その件なら私が調整しておくよ

②経済的であること

組織には少なからず摩擦があります。それを解消するための管理職や、動機づけの仕組みなどが経済的かどうか。

⑥と⑦の条件は、「組織が安定していると同時に、環境にも適応していけるか？」ということを表しています。仕事を取り巻く環境に敏感に対応することは重要ですが、小回りを利かせすぎてそのつど大がかりな組織替えがあるようでは、落ち着いて仕事に専念できません。かといって安定性を求めすぎると、組織の機動力は落ちていきます。**大切なのはバランスを考えた組織づくりです。**

③方向がブレないこと

組織が関心を向けるべき方向が一貫していること。

④仕事が明確なこと

「自分の仕事は何か？」という問いについて、誰もが答えられなければなりません。

⑤意思決定しやすいこと

意思決定に時間がかかったり、そもそも意思決定がしにくかったりする組織ではないこと。

⑥組織構造が安定していること

構造として安定していること。頻繁に編成が変わるようでは、組織の安定化がはかれません。

⑦存続し続けること

存続し続けていても、常にベストを求めて変革がなされる組織が理想です。

05 組織の形態の長所と短所を把握する

ドラッカーは組織の形態についても言及しています。組織の形態には、それぞれに強みや弱みがあるといいます。

会社の**組織の形態**には、事業部制と機能別組織があります。事業部制とは、ひとくくりにできる商品群や地域ごとに事業単位を設定する組織構造のことです。事業部ごとに独立しているため、利益単位の仕組みをつくることができますが、事業部ごとに間接部門があるため、非効率な部分も出てきます。間接部門を本社で統合する疑似事業部制では、非効率部分を除くことができます。

事業部制とは？

事業部制は事業部ごとに独立しているため、利益単位の仕組みがつくれるメリットもあります。

間接部門がダブって非効率だな

本社

あれ？きみも総務部？

きみも？

○○社 A地区 A事業部

名刺

○○社 B地区 B事業部

○○社 A事業部 総務部

○○社 B事業部 総務部

機能別組織とは、製造・営業・経理など、業務内容ごとに分けた縦割りの組織構造のことです。**専門性が高いので専門職を育成するのには適していますが、業務ごとの連携が難しく、部署間での摩擦が起こりやすい面があります**。全社的な視点から意思決定を求められる経営幹部を育成するのには向いていません。事業部制と機能別組織は、お互いに強み・弱みを補い合う関係にあります。

機能別組織とは？

事業部制、機能別組織のほかに、新商品開発を目的にしたプロジェクトチームなどのチーム制組織もあります。

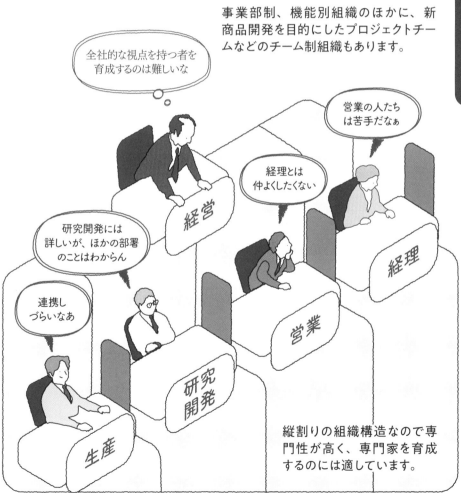

全社的な視点を持つ者を育成するのは難しいな

営業の人たちは苦手だなぁ

経理とは仲よくしたくない

研究開発には詳しいが、ほかの部署のことはわからん

連携しづらいなあ

経営

経理

営業

研究開発

生産

縦割りの組織構造なので専門性が高く、専門家を育成するのには適しています。

06

組織を間違った方向に導く要因は4つある

成果をあげるには、働く人たちがひとつの方向に向かうこと。
ただ、誤った方法がとられることも……。

従業員をひとつの方向に向かわせるのがよい組織。しかし、誤った方法がとられることがあり、ドラッカーはその**大きな要因**として4つほど挙げています。①組織を機能に基づいて細分化する。②上下関係を厳格化する。③現場と管理職の思惑にズレがあり、共通理解が育たない。④間違った行動を報酬によって評価する。こうしたやり方では、組織は成果が出ない人の集まりになってしまいます。

4つの間違った要因

適切な方向づけに必要なものは、「**目標による管理**」です。これは上位部署の目標に基づいて自分の部署の目標を明確に設定し、それに貢献できるように部下の仕事を導くことです。**目標の設定による経営の最大のメリットは、経営管理者も自分の目標を考えて立てられるという点にあります。**自己の働きをいかに貢献につなげるか、という意識で主体的に仕事を見直すことができるのです。

目標による管理

目標達成のための計画を各個人が立てて実行すれば、結果として部署や会社などの大きな目標が達成できる。

会社の目標

社長

部署の目標

部長

個人目標

07 貢献し合うのが 組織である

「常に組織の成果に大きな影響を与える貢献は何かを考えなければならない」とドラッカーは説いています。

会社という組織は、ある部署だけが成果をあげていればよいわけではありません。それには、協働の体系としてのルールづくりを行う必要があります。製造、営業、経理、開発、人事など、それぞれが自部署の貢献だけを考えていては、大きな成果は得られません。**それぞれの関係を明らかにし、どの部署であっても他部署に対して、いかに貢献するかを考える必要があります。**

貢献し合う組織

協働のルールづくり

ワシがどれだけ有能でも、ひとりで引っ張るのは大変だ！

ドラッカーのことば
成果をあげるには、果たすべき貢献を考えなければなりません

社長
会社

協働したほうが成果があがるし、楽もできますよ

社長
会社

営業
経理
製造
開発
人事

他部門との関係は、前工程と後工程の関係、支援と被支援の関係です。相互にどのような貢献が必要か、伝え合うことが大切です。他部署への貢献の見返りに、自部署への貢献も求めなければなりません。上司や部下との**貢献関係**も明らかにする必要があります。部下の基本的な仕事は上司の補佐、上司の基本的な仕事は、方針や目標の設定とともに、部下の指導教育やサポートです。

上司と部下、他部門との貢献

08 新事業には組織を調和させる マネージャーが必要不可欠

組織に必要なのはその道のスペシャリストだけではなく、社員の能力を引き出すマネージャーの存在です。

専門知識や能力を適切に組み合わせながら総合力を発揮しなければ、組織は飛躍することができません。そのため**プロジェクトに適したマネージャーを選ぶ必要があります**。その際に**重要なのは、技術や開発分野に秀でた人物かどうかよりも、事業全体を見渡せ、かつ管理者としても優秀で、人材に目配りできるゼネラリスト**（管理のスペシャリスト）であることです。

スペシャリストとゼネラリスト

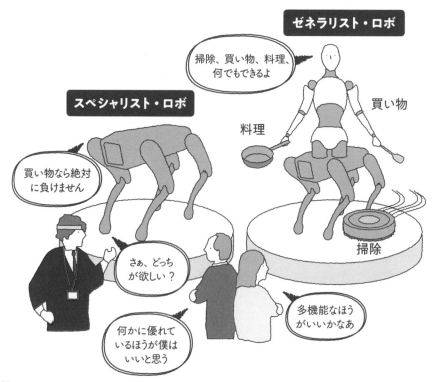

専門知識を持った**スペシャリスト**は自分の専門知識にこだわりがちで、無意識に自分の方向に引っ張ろうとします。自分の意思を強く打ち出し、命令によって全員を動かすだけでは、好ましいリーダー像にはなりえません。それよりも社内のあらゆる機能を動員し、全員の個性を引き出して支援し、調和させるマネージャー（管理のスペシャリスト）が必要だとドラッカーは考えたのです。

能力を引き出すマネージャー（スペシャリスト）

09 スペシャリストには成果だけを求める

スペシャリストには「指示通りに働いてくれれば」は通用しません。高い成果を要求し、好きにやらせるのがベストです。

専門的な知識とスキルを活かして仕事をするスペシャリスト。工学系の技術者、化学者、生物学者など自然科学の専門家、弁護士や経済学者、公認会計士なども含まれます。また、**仕事のさせ方や処遇についてわだかまりが起こりやすいのがスペシャリストの人たちです。**彼らに関しては「仕事の中身はこちらが決めるので、それに従って働けばいい」という発想は通用しません。

専門職には方法論を任せる

スペシャリストはこうした扱いを受けると、やる気を失ってしまいます。何がいい仕事なのかは、彼らが一番よくわかっています。**スペシャリストに仕事を求めるときは、結果を要求するだけでいいのです**。ただし、方向性や価値感は共有する必要があります。また、仕事の方法は好きにさせるのが理想であり、成果が出なければ、彼ら自身の責任だとドラッカーは説いています。

専門職にはより高い成果を求める

ありがとうご
ざいます

マラソン大会、
優勝おめでとう

次はもっと大きな
大会を目指そう

わかりました

成果が出なければ、
君自身の責任だ

俺はできる、
必ずやれる！

そうですよね

ドラッカーのことば

責任を持たせることが成
果をあげることにつながる
のです

結果を期待し
ているよ

10 満場一致での 意思決定は行わない

会議などで意思決定をする際、ドラッカーは満場一致をよしとしませんでした。それはどうしてでしょうか？

意思決定とは、いくつかの選択肢の中からいずれかを選択する判断のことです。しかし、多くの人は自分の意見が最初にあり、それに都合のいい事実にしか目を向けようとしません。そこで大切なのは、**選択肢の有効性や優位性を判断する基準を設けることです。** そのためには、自ら問題の現場に出向き、そこで得たフィードバックをもとに評価基準を設定することが重要です。

満場一致は危険

また、決定に至るまでには複数の人間と十分に議論を重ねる必要があります。ドラッカーが重要視したのは満場一致ではなく、対立的な意見などの**多角的な意見の検証**を行うことです。むしろ、意見が対立しないような案件は決定すべきではないと説きました。深く勉強し、課題を自らの問題として考えれば、意見が対立するのは当たり前。対立の裏にこそヒントがあるのです。

多角的で十分な意見を戦わせる

対立する意見があることで、意思決定の精度がより上がります。

11 部下という立場であっても上司をマネジメントすべき

上司の強みを伸ばし、弱みを部下がカバーする。成果をあげるには、上司のマネジメントが欠かせません。

どんな人でも上司との衝突や相性のよし悪しはあるでしょう。部下としてなすべきことは上司のマネジメント。ドラッカーは**上司に成果をあげさせる**ポイントは、上司の強みを活かすことだと説きます。受け身になっていたり、弱みの改善だけに気をとられていたりしては、成果は出ません。そこで、自分の強みを探るように上司の強みや習慣を見つけ出してみましょう。

上司に成果をあげさせる

ドラッカーは上司の強みを活かすのが部下の責務と説いた。

上司の出世は部下の幸運。会社は一人ひとりの強みを持ち寄って、大きな貢献を成し遂げる場です。上司の弱点をあげつらい、無難にまとめようとすれば、おおよそ悪い結果しか出せません。**鉄鋼王カーネギーの墓碑には、「己よりも優れた者に働いてもらう方法を知る男、ここに眠る」と刻まれています**が、成果をあげる組織づくりには、このような考え方をする必要があるのです。

上司の出世は部下の幸運

マネジメントは部下に対してだけするものではなく、上司にもしたほうが高い成果をあげることができます。

12 同族企業が繁栄するために優先すべきこと

閉鎖的なイメージがある同族企業。ドラッカーは、大切にすべきは「同族」ではなく「企業」と説きました。

日本で**同族企業**というと、「昭和的」「中小企業」といったイメージがつきまといます。同族企業のメリットは、オーナーとその親族が経営権を持っていて重要な地位を占めているため、会社のために労を惜しまないことです。また家業意識が強いため、目標達成意欲も高い傾向があります。その一方で、親族で重要な地位を独占していることが、デメリットにもなります。

同族企業が繁栄するには？

社員に仕事を押しつけるよー！

同族ではない社員よりもがんばる！

父・社長

長男・取締役

母・専務

会社のために尽くします！

同族企業はデメリットだけではありません。同族企業だからこその責任感の強さが、企業を存続させるメリットになることもあります。

祖父・相談役

素晴らしい！

僕らもがんばろう！

親族という理由だけで、ふさわしい能力を持たずに高い地位に就いている例があるだけでなく、相続によって株主が分散され、統制が利かないという場合もあります。ドラッカーは、**同族企業をうまく運営するには、「同族」より「企業」を優先することだと説きます**。親族というだけで高い地位に就けると業績は低迷し、優秀な人材は辞めていってしまうからです。

「同族」より「企業」を優先

企業を優先しないと優秀な人材は辞め、会社は低迷しかねません。

ドラッカーのことば
家族は大切だが、経営では企業を大事にしなければなりません

こんな会社にいても先はないから辞めよう！

重要なポストには同族しか就けないし……

同族企業の経営陣
あとは頼んだぞ！
はい

一般社員

同族以外でもポストを用意するし、給料も増やす！

それならがんばろうかな

企業を優先してくれるのですね

ちょっと待って！

知られざるドラッカーの人物像②

社会の
ありのままを観察した
未来学者

　ドラッカーは「知の巨人」「20世紀の目撃者」「マネジメントの父」、あるいは彼が「世の中はこうなる」と見通しを述べると、その通りになることが多かったことから「未来学者」とも呼ばれています。

　このようにさまざまな異名を持っているドラッカーですが、彼は自身のことを「社会生態学者」と称していました。この「社会生態学者」という言葉は、実はドラッカーの造語です。

　「生態学」とは、ある生物の「ありのまま」の様子を観察してその状態や変化を研究する学問です。

　自然生態学者が動植物を観察するように、ドラッカーは人間の社会を観察して、そこで起こっていることを伝えることが自分の役割だと考えていたのです。

　事実、ドラッカーは社会のありのままの姿を観察し、情報化社会、少子高齢化社会、環境問題、金融危機、テロリズムの台頭など、現代社会で起こっている現象を数十年前から的確に指摘していました。

☑ KEY WORD

基幹活動分析

現実を客観的に把握し、組織の中心に置くべき重要な取り組みを明確に把握すること。ドラッカーは、基幹活動を可能なかぎりシンプルに組み立てる必要があると説いている。また、重要なのは、組織の目的を常に念頭に置くことであるとも述べている。

☑ KEY WORD

7つの条件

組織を評価するための条件として、ドラッカーは以下の7つを挙げている。①わかりやすさ、②経済的かどうか、③方向の一貫性、④仕事の明確性、⑤意思決定のしやすさ、⑥組織構造の安定性、⑦存続性、である。

☑ KEY WORD

組織を間違った方向に導く大きな要因

ドラッカーは組織が間違った方向に向かってしまう大きな要因が4つあると説いている。①機能に基づく細分化、②上下関係の厳格化、③現場と管理職の思惑のズレ、④間違った行動を報酬によって評価してしまうこと、としている。

☑ KEY WORD

目標による管理

上位部署の目標から自分の目標を設定し、その目標によって行動を明らかにし、達成するまで自立と自律で努力・管理すること。一人ひとりが目的意識を持つことで、結果的には会社全体や部署などの大きな目標の達成が期待できる。

☑ KEY WORD

貢献関係

ドラッカーは、組織は貢献し合える関係であること、つまり貢献関係の重要性を説いている。自分の部署だけの貢献だけを考えていては大きな成果は得られない。どの部署であっても、他部署や会社全体に対してどのように貢献できるかを考えなければならないとしている。

3

Drucker
mirudake notes

ドラッカーに学ぶ
リーダーの条件

リーダーというとヒトラーのような
カリスマ性のある人物をイメージして
しまいますが、それはまったく違います。
本章では、私が考えるリーダー像を
お伝えしたいと思います

組織を牽引するには、リーダーという存在が必要不可欠です。リーダー
はどういう人であるべきか──、ドラッカーはそのことについても観察や
研究を重ねていました。現在、部下を持っている人、もしくは今後リーダー
を目指そうという人は必読です。

01 真のリーダーシップとはどういうものか？

ドラッカーの考えるリーダーは先天的資質ではありません。あくまで、「リーダーシップは仕事である」と説きました。

リーダーシップとは、集団をまとめて目的のために引っ張る能力のことです。カリスマ性を発揮するリーダーもいますが、そうした先天的資質がないとリーダーシップは発揮できないのでしょうか？　むしろ大事なことは、やるべきことをこなすということ。**やるべきことを日常的な仕事に落とし込み、日々の活動を最終的な目標に結びつけられるのが、よいリーダーシップだといえます。**

やるべきことをやるのがリーダー

リーダーシップに先天的な資質は必要ありません。ドラッカーが重要視しているのは「やるべきことをやる」ことです。なおかつ、そのやるべきことを日常的な仕事に落とし込むことが大事なのです。

ドラッカーは、リーダーにとって絶対的な資質は「真摯さ」だと説いています。真摯さとは正直で、かつ高いモラルを持って行動すること。そして、その真摯さに加えて、体系的な「学習」や「経験」という要素も必要だと説いています。ただ、この2つは絶対必要というわけではありません。学習や経験はゼロでなければ、ほかの要素でカバーすることが可能だからです。

真摯さ、学習、経験の3要素

真摯さは
間違いなく
持っています

学習だけは
しています

経験だけは
あります

学習

経験

真摯さ

真摯さも学習も
経験もあります！

ドラッカーのことば

リーダーシップとは、組織の使命を考え抜き、それを目に見えるかたちで明確に確立することです

真摯さを絶対条件とする「真摯さ×（学習＋経験）」が、リーダーシップの方程式。学習、経験のどちらかがゼロだとリーダーシップは発揮できませんが、ゼロでなければほかの要素で補うことはできます。

02 リーダーは 仕組みをつくる存在である

モチベーションに大切なことは、精神論ではなく、働きがいのある仕組みづくりだとドラッカーは説いています。

モチベーションがないと、よい仕事はできません。モチベーションとは簡単にいえばやる気のことですが、リーダーが「熱意を持て！」などと精神論で部下を指導してもモチベーションを引き出すことはできません。その人にやりがいを持たせるための「**適切な配置**」を行うなど、モチベーションを喚起するための仕組みをつくらなければいけません。それこそが、リーダーの役目なのです。

4つの要素が働く人のやる気を引き出す

①適正な配置

好きな仕事、貢献できる仕事をやっているとき、人はやる気が出ます。

②高い水準の仕事

適度にハードルが高い仕事に挑むとき、人はやる気が出ます。

そのほかに有効な仕組みづくりとして、ドラッカーは**「高い水準の仕事」「自己管理に必要な情報」「決定への参画」の3つを挙げました。**これらの計4つの要素を活用して、部下がモチベーションを持てるようにしましょう。また、モチベーションを大きくアップさせる要素として、「仕事に対する責任」があります。人は重要な仕事を任されたときほど、やる気を出すものなのです。

③自己管理に必要な情報

自分の仕事に関する情報を知らないと
人はやる気を出せません。

④決定への参画

人は物事の決定に関わると、それに対して
やる気を出すようになります。

03 リーダーは真摯で なければならない

リーダーの資質に必要なのは真摯さであり、それはとても基本的なことだとドラッカーはいっています。

73 ページでも触れましたが、ドラッカーはリーダーの絶対的な資質として**真摯さ**が必要だと説いています。リーダーは自分のチームをまとめなければいけませんが、そのためには「真摯であることが絶対条件である」とドラッカーは説いています。優れたリーダーに、人を惹きつけるカリスマ性は必要ありません。あくまで、仕事に対して真摯であることが重要なのです。

真摯でないリーダーは組織を堕落させる

ドラッカーのことば

上司が持つべきなのは才能ではなく、真摯さです

ドラッカーは、「真摯なる資質に欠ける者は、どんなに有能であっても、組織としても上司としても不適格である」と説いています。

明日の契約の件ですが……

え？
聞いてないなぁ

シュレッダーに
かけておこう……

約束を守らない

失敗を隠す

真摯な人は、正直です。保身のためにウソをついたり、失敗を隠したりするようなリーダーは組織をダメにします。真摯な人はモラルのある行動をとります。不正を犯して結果的に組織を破滅させるような人は、当然ながら悪いリーダーです。また、真摯な人はブレない信念を持っています。話すことがコロコロ変わる人は周囲から信頼されず、優れたリーダーにはなれないのです。

04 リーダーは将来を予測しなければならない

リーダーはチームや事業が直面するであろう将来と、そこで起こりうるリスクを予測して、それに備えなければなりません。

将来を**予測**することは困難ですが、ドラッカーは可能な限り将来に備えておかなければならないと説いています。将来を考えるうえで大事なのは、「経営環境は常に変化する」と理解することです。また、「まだ経済に影響が出ていない変化は何か」を探すことも重要です。そのうえで**「変化がどのぐらいの確率で、いつ起きるか」という分析を行って、将来に備える**のです。

将来を合理的な考え方で予測する

人口の変動など、やがて経済に影響を与える動きに注目します。これを底流分析と呼びます。

将来はどうなるのだろう

経営環境は常に動き続けます。物事を決めるときは、最悪の事態に直面することも想定しておきます。

最悪の事態を想定し、底流分析、趨勢分析で将来を予測します。

経済現象は一貫した傾向で動くので、その動向に注目します。これを趨勢分析（トレンド分析）といいます。ただし、急激なデフレやインフレなどのアクシデントはあります。

将来に備える中で、仕事に関するリスクについても考える必要があります。どんな仕事にもリスクはつきものですが、ドラッカーはリスクを4種類に分類しています。**「負うべきリスク」「負えるリスク」「負えないリスク」「負わないことによるリスク」**です。これから自社が抱えるリスクが4種類のどれになるかを判断することで、より具体的に将来に備えることができます。

4種類のリスクが存在する

①負うべきリスク

RISK

このリスクは避けて通れないな

必ず負わなければいけないリスク。事業に不随したリスクは必ず負う必要があります。たとえば、運送会社は交通事故のリスクからは避けて通れません。

②負えるリスク

RISK

失敗しても大した影響はない

失敗してもダメージは小さいリスク。ビジネスにおいては積極的にチャレンジすべきものです。

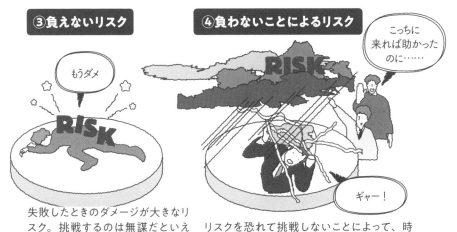

③負えないリスク

もうダメ

RISK

失敗したときのダメージが大きなリスク。挑戦するのは無謀だといえるでしょう。

④負わないことによるリスク

こっちに来れば助かったのに……

RISK

ギャー！

リスクを恐れて挑戦しないことによって、時代から取り残されてしまうリスクのことです。

05 リーダーは変化を チャンスと捉える

時代の変化をチャンスとみなすリーダーのことを、ドラッカーは「チェンジ・リーダー」と呼びました。

移り変わりが激しい現代において、変化をチャンスとして捉えられるかが非常に重要になります。この変化をチャンスと捉える人物のことをドラッカーは**チェンジ・リーダー**と呼んでいます。チェンジ・リーダーになるための条件は4つあります。1つ目の条件は、今までのやり方を捨てることができることです。2つ目の条件は、業務におけるすべての面で改善を続けていけることです。

チェンジ・リーダーの4条件

ドラッカーのことば
定期的に捨てることが大切です

① 今までのやり方を捨てることができる

今までのやり方

ゴミ箱

商品、サービス、顧客、流通などさまざまな点を検証して、変えるべき点があれば、今までのやり方にこだわらず、それらを捨てます。たとえば、自動車メーカーが数年に一度の間隔でニューモデルをリリースしているように、定期的に今までの商品を捨てることも同じ理由です。

３つ目の条件は、成功を常に追求することです。失敗をくり返さないように問題点にこだわる組織は少なくありませんが、重要なのは成功の情報も組織内で共有して、その事例の分析をすることなのです。４つ目の条件は、イノベーションを可能にすることです。組織の中でイノベーションを可能とする仕組みをつくり、イノベーションが生まれる機運を高めます。

②業務におけるすべての面で改善を続けていける

商品、サービス、顧客、流通などに改善すべき点があれば、体系的に改善をし続けます。

ああでもない

こうでもない

そうでもない

改善するのはここだ！

一連の業務

③成功を常に追求する

失敗した問題だけを分析するのではなく、成功事例も分析して、イノベーションにつながる芽を育てます。

イノベーションを起こすぞ

④イノベーションを可能にする

チェンジ・リーダーがトップにつくと、組織内でイノベーションが生まれる機運が高まります。

06 現場に任せることも リーダーの役目

現場のことをいちばん理解している現場管理者。その人に権限と責任を与えよと、ドラッカーは説いています。

ドラッカーは現場で成果をあげるためには、**現場管理者**に権限を与えることが重要だと考えていました。現場管理者が経営陣のいいなりになるのではなく、自分の判断で現場を動かしてこそ、仕事の成果があがるからです。また、現場に仕事を任せるメリットのひとつとして、**現場を理解している現場管理者は、作業者の能力に合わせて適切に仕事を割り振れるという点が挙げられます。**

現場に権限を与えると生産性があがる

仕事を押しつけるのではなく、「仕事の目的は何か」を問い直し、現場と共有するのがリーダーの務め。あとは現場を信じて任せてみましょう。ただし、「任せること」と「放任」は違います。現場を管理するのは、リーダーの仕事です。

仕事の手順を現場で決められる点や、その作業が目的に合っているかを判断できる点もメリットです。現場のことをわかっていない人よりも、現場をわかっている人に任せてしまったほうが、生産性の向上につながるのです。会社のリーダーである経営者は、現場のリーダーに責任と権限を与えて、仕事を任せるべきなのです。

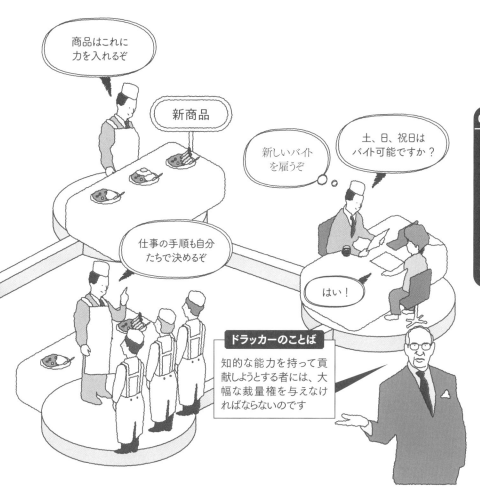

現場管理者が権限を与えられていて、さまざまなことを自分で決められると、現場の生産性があがります。権限が与えられていない状態だとロスが生まれやすくなります。

07 リーダーは危機に備えておく必要がある

ビジネスではいつ危機が訪れるかわかりません。リーダーは、そんな危機に対して準備をしておく必要があります。

世の中は常に動き続けているので、売れていた自社商品もいつかは売れなくなる日が来ることでしょう。こうした危機に対して、リーダーがとれる選択肢として、逃げ切ることを考える「**逃避**」、危機が訪れてから対策を考える「**待機**」、危機に備えておく「**準備**」があります。逃避と待機では危機に対応できませんが、準備なら、むしろ業績をあげるためのチャンスになるのです。

将来の危機に対応できるのは「準備」だけ

我が社の
人気商品もいつかは
売れなくなるかもしれない

人気商品や好評なサービスもいつかは時代遅れになります。商品やサービスが成功している間に、対策を考えなければいけません。逃避、待機、準備という3つの道がありますが、時代の変化に対応できるのは準備だけです。

準備とは、よりよいものにしたり、より新しいものを生み出したりすることです。今扱っている自社商品をよりよくするには改善が必要ですし、より新しいものにするにはイノベーションが必要になります。その際、リーダーが過去の成功体験にしがみついてはならないとドラッカーは述べています。**新しいことにチャレンジする際には、新しいチームを組むようにするとよいでしょう。**

逃避
今までと同じやり方で逃げようとしても、時代の変化は避けられないので、逃げ切ることは不可能です。

待機
変化が起きてから対策を考えようとすると、適切な対応がとれず、手遅れになってしまうかもしれません。

準備
変化に備えて新商品をつくるなどといったイノベーションを起こすことが、業績アップにつながります。

08 情報を共有するのが リーダーの務め

リーダーが下した判断は、部下にしっかり伝えることが組織にとって重要であると、ドラッカーはいっています。

AとBという選択肢があった際に、リーダーがAを選んだので、部下も全員それに従う。多くの組織が行っていることですが、**ここでリーダーがAを選んだ理由を部下に説明するか、しないかで大きな違いが生まれます**。決断に至った理由を明らかにすることで、部下はリーダーを信頼し、その判断を尊重するようになるのです。「黙って従え」という態度では信頼を得られません。

意思決定の理由を組織内でオープンに

リーダーが組織としての意思決定をしたときに、その理由を部下に説明しないと、部下は納得できないままその判断に従わないといけません。

意思決定のための情報を部下にも伝えることによって、部下はリーダーの考えを深く理解するようになります。ドラッカーは「多くのリーダーは、自分の行動とその理由は、組織の全員が知っているはずと考えているが、そんなことはない」と語っています。リーダーが部下に自分のことを理解してもらうためには、組織内での**情報の共有**が必須なのです。

09

常に部下の意見に
耳を傾ける

組織の誰もが成果をあげるためのコミュニケーションについて
も、ドラッカーは語っています。

コミュニケーションはマネジメントの根幹です。実際、ドラッカーは「コミュニ
ケーションは、マネジメントの原点」と説いています。目指すのはトップダウ
ンでもボトムアップでもなく、相互理解が成立した高度なコミュニケーション。
また、ドラッカーは**「コミュニケーションは知覚であり、期待であり、要求であり、
情報とは違う」**ともいっています。

コミュニケーションはリーダーの務め

上司から部下に一方的に話す、上から下へのコミュニケーションだけでは、
相互理解は成立していません。また、下から上へのコミュニケーションでも
同じことがいえます。

知覚や期待、要求や情報といった言葉の数々をかみ砕くと、以下の4つに分類されます。①相手にわからせること、②目標を日頃から期待させるようにしておくこと、③要求内容を伝えること、④情報は客観的であり、コミュニケーションは主観的であるということ。上司と部下が強い絆で結ばれるには、こうしたコミュニケーションが重要なのです。

わかり合える4つの原理

ドラッカーのことば

コミュニケーションを成立させるのは受け手です！

①相手にわからせること

コミュニケーションをとるには、相手がわかる表現で話す。

②目標を日頃から期待させるようにしておくこと

自分の好きなBGMは反応しても興味がなければ反応しないように、上司から興味のないことをいわれても受け入れない傾向があります。

わかってくれた？

はい

新しいやり方を教えてあげるよ

そのやり方は興味がないので、無視します！

いま何時かね？

12時です

新規の顧客、1000人ほど見つけてきて

20人が限界だ……

これはコミュニケーションとはいえないよ……

③要求内容を伝えること

理解してほしいこと、行動に移してほしいこと、目標や成果をはっきりと伝える。

④情報は客観的であり、コミュニケーションは主観的

コミュニケーションは情報の交換だけでは成立しません。共通理解があってはじめて成立します。

10 仕事のサイズを 適切に設計して考える

部下に仕事を与える際、貢献できる仕事を割り振れているかが
重要だと、ドラッカーはいっています。

リーダーの重要な役割として、部下に仕事を割り振るというものがあります。その際に意識しないといけないのは、部下が会社に貢献できる**適切な仕事**を振ることです。あまりに簡単な仕事だと部下はもの足りなさを感じます。部下にとって、挑戦しがいのある適切な難易度の仕事を与えるようにしましょう。そこを乗り越えることで、部下は自信をつけて成長していくのです。

部下を成長させる仕事の与え方

必要とされるスキルが低すぎる仕事ばかり与えられると、部下は仕事にやりがいを感じられません。大きな仕事をやり遂げることで、部下は自信を覚え、成長していきます。

部下に仕事を与える際には、期間をあまり長くしないことも重要です。長期的な仕事だと、成果をあげた実感がなかなか得られず、部下の自信と成長につながる成功体験が味わえないのです。また、部下の仕事として上司の補佐もありますが、補佐ばかりさせるのもよくありません。なぜなら、**補佐だけをしていると、部下にとっての仕事が上司を喜ばすことになってしまうからです。**

部下に与える仕事が長期間にわたるものだけだと、達成感がなかなか味わえないという問題が生まれます。成功体験が得にくいので、成長につながりづらいのです。

上司のサポートばかりさせていると、部下は「自分にとっての仕事の成果は、上司を喜ばせること」と考えてしまううえに、意思決定ができない人になってしまいます。結果的に組織が堕落するおそれがあります。

好き嫌いではなく、成果で人を評価する

11

リーダーが部下の仕事を評価するときは、好き嫌いや取り組む姿勢ではなく、成果を確かめることが大切です。

職場にはさまざまな人間関係があります。その中で、リーダーが部下を正しく評価するには、何を基準にすればいいでしょうか。ドラッカーは、組織の正否は**成果中心**の精神があるかどうかによって決まると指摘しています。成果中心の精神とは簡単にいえば、ある仕事に関して「誰がやったか」ではなく、「どんな成果をあげたか」で評価するということです。

成果中心主義で部下を評価すべし

部下を評価する際に、人間関係で評価を甘くしたり厳しくしたりしてはいけません。あくまで、その仕事の成果で評価するのが成果中心主義です。また、評価の基準が何なのかをオープンにすることで、評価はより公平となり、部下が仕事に打ち込めるようになります。

「お気に入りの部下が成果をあげたから、評価する」や「お気に入りではない部下が成果をあげたから、評価しない」といったものは成果中心主義ではありません。また、リーダーは成果中心主義をとるなら、「成果とは何か」という基準が部下との間で共有されていなければなりません。**成果の基準を明らかにすることで、部下もモチベーションがアップすることでしょう。**

大切なのは成果を正しく評価すること。成果とは売上やコスト削減など数値で確認できるものだけではなく、管理やサポートなど数値にできないものも成果に含まれます。

部下を問題や費用、敵として見ない

部下をマネジメントして成長を促すには、部下を成長する資源と見ることが大事だとドラッカーは説いています。

ドラッカーは、「人（部下）の成果をあげさせるためには、**問題**、**費用**、**敵**ではなく資源として見なければならない」と説いています。部下をお荷物と考えたり、自分の地位を脅かすライバルと考えたりする必要はないのです。上司に必要なのは、部下の能力を引き出すこと。それこそが、チームの成果であり、上司である自分自身の成果となるのです。

人は成長する資源

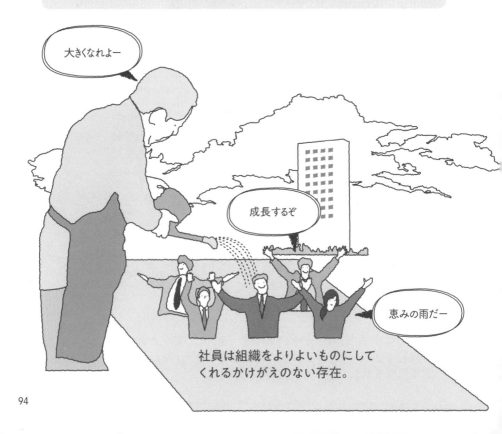

大きくなれよー

成長するぞ

恵みの雨だー

社員は組織をよりよいものにしてくれるかけがえのない存在。

組織が活動する上で必要不可欠なものは人です。上司は部下を適切に活用しなければなりません。そのためには、上司も部下もそれぞれの強みを活かして、互いにサポートし合う必要があります。上司は、部下の強みが十分に発揮できる場所に部下を配置しましょう。**部下が成果をあげていないときは、適切な配置かどうかを再考してください**。

成果をあげているか再考する

成果を生み出すためには、リーダーが部下たちを有効活用しないといけません。そのためには、適材適所で部下の強みが活かせる場所に部下を配置するようにしましょう。

知られざるドラッカーの人物像③

混乱の時代に
気づいた
社会とお金の関係

　ドラッカーが若き日を過ごした20世紀はじめのヨーロッパ
は、非常に混乱した時代でした。

　利益を求めて自由に働けばみんなが豊かになると考える
「資本主義」と、それではもともと裕福な人とそうではない
人の格差が広がるばかりだと考え、不満を訴える「社会主
義」が激しく対立していたのです。

　そんなときに台頭してきたのが、ドイツの政治家ヒトラーら
が推し進めた「全体主義」でした。全体主義とは、社会
体制の利益のために個人という考えを捨てて、国に服従す
るというものです。

　ドラッカーは、ヒトラーの全体主義の危険性を訴えました
が、当時のヒトラーは、経済危機を解決してくれるリーダー
と見られていたため、受け入れられませんでした。

　このような時代の流れを見ていたドラッカーは、人々は結
局、お金によって動かされていることに気づきます。

　以後ドラッカーは、人々が幸せになれる社会とお金の関
係について、考え続けていくことになるのです。

☑ KEY WORD

リーダーシップ

組織全体の人材をまとめて、ベストの成果を達成できるように計画を立て、率いていく能力。ドラッカーは、やるべきことを日常的な仕事に落とし込み、最終的な目標に結びつけられる者を重要視している。また、ピアノの練習と同じように、くり返すと上手になるともいっている。

☑ KEY WORD

モチベーション

「やる気」「意欲」という意味で、ビジネスにおいては「動機づけ」という意味で使われることが多い。モチベーションを高めるためには、①強みを活かせる場所、②レベルの高い仕事、③自分の仕事を評価できるような明確な情報、④経営者の視点で仕事を見わたせることが必要。

☑ KEY WORD

真摯さ

正直であること。高いモラルを持って行動すること。また、仕事に対して誠実であり、信念を持ってブレない姿勢のこと。ドラッカーは、「真摯なる資質に欠ける者は、どんなに有能であっても組織としても上司としても不適格である」と説いている。

☑ KEY WORD

チェンジ・リーダー

構造改革が急激に行われる変化の時代に対応できる者。ドラッカーはチェンジ・リーダーの4条件として、①今までのやり方を捨てられる、②業務におけるすべての面で改善し続けられる、③成功を常に追求する、④イノベーションを可能にする、としている。

☑ KEY WORD

コミュニケーション

共通言語と共通理解のうえに立つ意思疎通のこと。仕事におけるコミュニケーションには、目的や目標、進捗状況などの共有が大前提となる。また、ドラッカーは、コミュケーションを成立させるのは受け手であるとしている。

Chapter

4

Drucker
mirudake notes

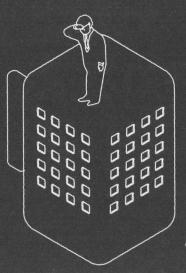

ドラッカー流・
タイムマネジメント

時間は誰もが平等に
与えられた資源。同じ作業時間でも、
成果が多くあがる人と成果の少ない人が
いるのはなぜだろう？　それは、時間の
使い方に問題があるからなのです

日々、膨大な量の仕事を抱えて、時間に追われているビジネスパーソン
も少なくないでしょう。「成果をあげる者は仕事からスタートしない。時間
から出発する」と述べているように、ドラッカーは成果をあげるためには
「タイムマネジメント」が重要だと説きました。時間の使い方からムダの
削減まで、ドラッカーが提唱したタイムマネジメントの数々を紹介します。

01 時間の性質を知る

仕事はまず計画ありきという一般論に懐疑的だったドラッカーは、「計画や仕事より、まず時間から考えよ」と説きました。

よく「時間を大切にしましょう」といいますが、有能で成果をあげる人ほど時間を大切にし、最優先で考えます。なぜなら、何かを成し遂げようとしたときの時間は有限であり、資金や物的資源のように調達できるものではなく、**ほかでは代替できないとても希少な資源**だからです。それにもかかわらず、時間は無限にあると多くの人は思っていて、当たり前のように扱っています。

時間の性質を理解しよう

時間は希少なもの

時間は希少性の高いものだけに、何かをするときに最優先で考える必要があります。

時間は買えない

時間は買うことができません。また、人に借りることもできません。

有限な資源である時間をムダにしないためには、**時間の性質**を知ることが必要不可欠です。時間は蓄積もできず、人に借りることもできません。もちろん、時間は過ぎてしまったら永遠に戻ってくることはありません。ドラッカーは、時間はいくら需要が多くても供給量は変化しないため、常に足りない状況に陥ると述べています。だからこそ、**タイムマネジメントが必要なのです。**

時間は戻らない

過ぎ去った時間は永遠に戻ることはありません。それだけに管理することが大切です。

戻ってきて〜！

時間がなくてまだやっていません

頼んでおいた仕事はやったか？

ドラッカーのことば

成果をあげる者は仕事からスタートしない。時間からスタートする

時間は有限だからね

時間を管理しておいてよかった

02 ドラッカー流・時間管理の 3つのプロセス

ドラッカーは、成果をあげるために時間を生み出す方法を3つ 挙げ、「時間を管理することが重要」だと説きました。

自分なりに時間を管理しているつもりでも、会社にいれば他人によって時間は 奪われ、気づけばいつも細切れの時間しか残っていないというのはよくあるこ と。仕事を進めるには、**時間を大きなかたまりで確保することが必要です**。その ためにドラッカーは、時間の使い方をリアルタイムで記録し、事実を把握する ことから始めよと説きました。

時間の使い方を記録してムダを見つける

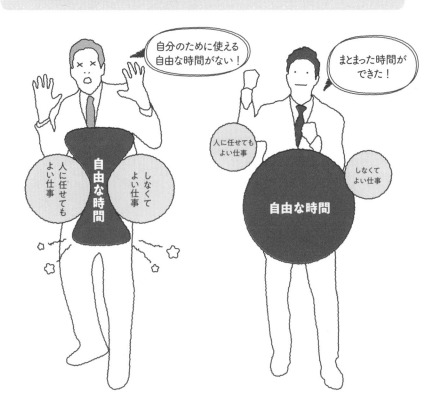

ドラッカーは成果をあげるための時間管理の基本として、3ステップを唱えています。先ほどの①時間の記録からはじまり、②時間を整理する、③時間をまとめるというものです。つまり、時間をとにかく記録し、必要な仕事か否かを整理し、まとまった時間を確保するということ。**時間の使い方**を知ることで、自由な時間が増え、時間という希少な資源をムダなく使えるようになるのです。

時間を生み出すためのマネジメント

①時間を記録する

・時間をどう使っているか
・何に時間をとられているか

②時間を整理する

・時間の浪費の原因を整理する
・この仕事は今すぐやるべきか
・必要な仕事と今は不要な仕事に分類する

③時間をまとめる

・同じカテゴリーの仕事はまとめて行う
・通常業務をする時間帯を決める
・まとまった時間に集中的に仕事をこなす

ドラッカーのことば

記憶によってあとで記録するのではなく、リアルタイムで記録するのです

03 時間の浪費原因を見つけて解決する

ドラッカーは「成果をあげるには大きくまとまった時間が必要」と説き、時間浪費の原因を解決することが重要といいました。

組織の一員として働いている限り、自分でコントロールできない時間があるのはやむをえません。会議や打ち合わせ、部下のフォローなども自分の都合ではどうにもできないことのひとつです。**社内でのポジションが上がるほど、他人に奪われる時間は増えていきます**。しかし、時間の浪費は、意識すれば解決できる問題でもあります。

時間浪費の根本原因を探る

①周期的な混乱やトラブルを招くシステムの欠如や先見性のなさ

繰り返される混乱やトラブルは、怠慢以外の何ものでもありません。マニュアルを作成するなどして予防措置をとりましょう。

②人員の過剰

人員の過剰はムダそのもの。役割分担を行うなど、人員や割り当てる時間を管理することが大切です。

ドラッカーは時間の浪費となる代表的な原因として、次の４つを指摘しています。①周期的な混乱やトラブルを招く「システムの欠如や先見性のなさ」、②「人員の過剰」、③過剰な会議などの「組織上の欠陥」、④情報伝達の仕組みが不完全な「情報にかかわる機能障害」。こうした**時間浪費の原因**を特定して、それが解消することで、自由に使えるまとまった時間が確保できるようになります。

③過剰な会議などの組織上の欠陥

会議は目的をもって意思決定をする場。会議が乱立したうえに、何も決まらないというのは時間を浪費しているだけです。

④情報伝達の仕組みが不完全な情報にかかわる機能障害

組織の情報伝達に問題があると、混乱が起きて時間が浪費されてしまいます。情報伝達の不備や欠陥を見つけて改善しましょう。

04

成果をあげる人は
時間も仕事もまとめる

「成果をもたらす秘訣をひとつだけ挙げるなら、集中である」
と説いたドラッカーは、まとまった時間の重要性を説きました。

多くの仕事を抱えている場合、**まとまった時間**を生み出し、ひとつの仕事に集中することはとても重要です。たとえそれが仕事中の一定時間だとしても、まとまった時間であればスピーディーに仕事をこなせるからです。メールの返信や業務報告などの雑務は終業時間前に、会議や打ち合わせなどは曜日を決めるなど時間をまとめることを心がけましょう。

時間も仕事も「まとめる」

雑務は終業前
1時間で一気に
片付けるぞ！

会議と
打ち合わせは
月曜日にまとめよう！

ドラッカーのことば

細切れの時間では意味がない。まとまった時間を確保し、集中しましょう！

忙しい人ほど、「集中する方法」を熟知しているものです。**ドラッカーも「成果を あげる人はもっとも重要なことから始め、しかも一度にひとつのことしかしない」と 考察しています。** 時間とエネルギーをひとつのことに集中させれば、少ない時 間でも仕事を成し遂げられますが、同時にいくつものことをやろうとすると、 どれかひとつに問題が発生したときに全体がストップしてしまいます。

優先順位をつけて、ひとつのことに集中する

成果が伴わない人は、いくつもの仕事を同時に進めたり、結果を 急ぎすぎたりするために結局やり直すことになり、かえって仕事が 遅れてしまいます。

05 会議の目的を 意義あるものにする

会議を役立つものにするために、ドラッカーは「まず、何を目的とすべきか」を知らなければならないと説きました。

参加者がムダに多い、時間が長いだけで結論が出ないなど、生産性ゼロのまま時間だけが浪費されているムダな会議。ドラッカーは、**会議を意義のあるものにする**には、情報の伝達や共有、何かの決定などが大切だと説きました。それによって、ムダな資料づくりや回り道だらけの進行から解放され、会議が密度の濃い生産的なものになります。

会議をただの雑談の場にしない

目的が明確ではない会議は、ただの雑談の場でしかありません。また、決定権を持つ社長や部長が熱弁をふるい、ほかの参加者はそれを聞いているだけというのもよくある光景です。

会議の目的を明確にしても、誰も発言しない、発言は活発だがまとまらないというのであれば、その会議はムダも同然。まずは、内容に合ったメンバーを厳選しましょう。そして、**参加者全員に「貢献」を求めるべきです**。提案ができる、生産的な意見がいえる、スペシャリストとして貢献できるなど、参加者全員が目的と目標の達成に向かって議論することが重要なのです。

会議は「貢献」に焦点を合わせる

会議の目的が情報の伝達なのか、情報の共有なのか、何かを決定することなのかを明確にし、事前に告知しておくと、準備の仕方や司会の進め方もムダがなくなります。そして、参加者全員に貢献を求めることで発言への熱意や質が変わってきます。

06 成果のあがらない仕事は切り捨てる

仕事に対する優先順位とともに、ドラッカーは「取り組むべきでない仕事を選別する劣後順位が重要だ」と説いています。

多忙な状況は、判断力や創造力を失う要因のひとつ。ヘトヘトに疲れてしまい、気力も体力も回復できないままでは、いいパフォーマンスが発揮できなくなってしまうため、仕事は優先順位と劣後順位をつけることが大切だとドラッカーは教えています。しかし、仕事の「優先順位」を決めることは比較的容易ですが、**「劣後順位」** を決めることはなかなか難しいのです。

本当に重要なのは劣後順位の決定

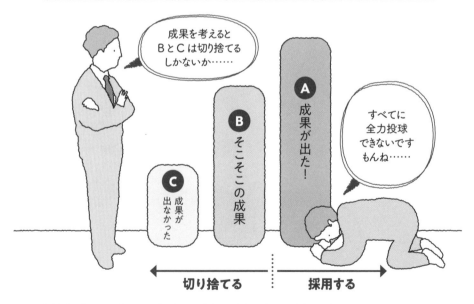

劣後順位は、商品の売上の8割は2割の商品が生み出しているパレートの法則（80対20の法則）と同じ。すべてに時間や人員を割くよりも、成果が出るものを優先し、そのほかは切り捨てるという考え方です。

劣後順位とは、すでに取り組むべき価値を失った仕事を捨てること。これまで投下してきた資源を引き上げるには勇気が必要ですし、携わってきた従業員の不満が渦巻くこともあります。競合するライバル他社が成功するかもしれないという疑念も残ります。しかし、**将来のためにも劣後順位を決め、そこに投じている資源を優先事項に振り向けるべきなのです。**

劣後順位は将来のために決める

時代遅れになってしまった事業、問題が多く残されている事業、業界や市場で他社と差別化ができない事業、無難すぎて新しさが感じられない事業は、勇気を持って捨てるべき。しかし、ただ捨てるのではなく、未来の成功を志向することが大切です。

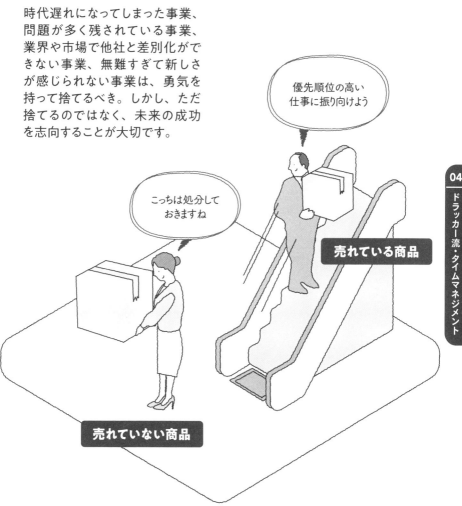

07 過去ではなく将来を選ぶ

順位を決めるのはストレスがかかる作業ですが、ドラッカーは
「重要なのは分析ではなく勇気だ」と説きました。

劣後順位と比べると、最優先すべき仕事にエネルギーと時間を振り向ける「**優先順位**を決めること」は比較的容易だといえるでしょう。しかし、優先順位を決める際にもいくつかの重要な原則があり、ドラッカーは4つ挙げています。①過去ではなく将来を選ぶ志向を持つ勇気、②問題ではなくチャンスに焦点を当てることに気持ちを向けること。

将来性に富み、チャンスが広がっているか

③横並びではなく自らの方向性を持つ心構え、④無難かつ容易なものではなく変革に照準を合わせる精神です。つまり、新しいことにチャレンジせず、簡単に成功しそうなものを選ぶようでは大きな成果はあげられないということです。また、大きな業績をあげるためには、**優先順位を決める分析力だけでなく、決定する勇気も必要だとドラッカーは教えています。**

機会を追求する勇気を持つ

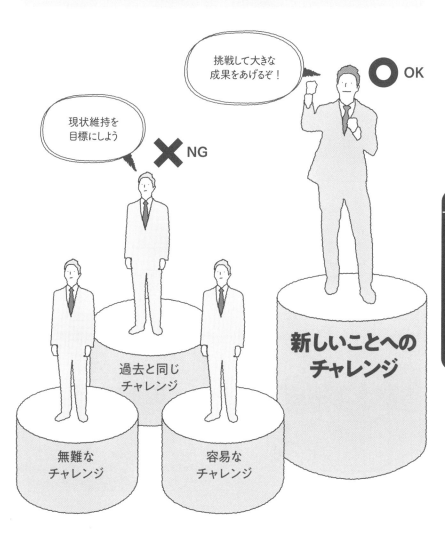

08 自分の強みのために時間を投資する

ドラッカーは、「成果をあげる人は、自分自身であろうとするものだ」と説き、自分の強みを活かすことの重要性を説きました。

組織に属していると、思い通りに仕事を進めることは困難です。むしろ、会社の方針やポジション、与えられた裁量などによって制限がかかることのほうが多いでしょう。しかし、「やりたいことをさせてもらえない」と嘆いていても仕事の効率も成果もあがりません。**効率や成果をあげたいなら、自分の得意なことや秀でていることを活かすべきです。**

与えられた範囲で全力を尽くす

誰かの真似をしても、無理が生じて能率が下がるだけ。「話がうまい」でも、「空気を読める」でも何でもいいので、**自分の強み**は何かを考えてみましょう。「目立つ存在か、縁の下の力持ちか」など、自分はどちらのタイプかを分析するのもひとつの考え方。「強みのみが成果を生む」とドラッカーが説くように、強みは自分の資源であり、活かせば成果に結びつきやすくなります。

自分の強みを活かして生産性をあげる

知られざるドラッカーの人物像④

数々の著名人に影響を与えたドラッカー

　ドラッカーは生涯にわたって数多くの著作を残し、世界中のたくさんの人に影響を与えました。

　欧米の企業経営者はいうに及ばず、日本国内でも、ソニー、ユニクロ、イトーヨーカ堂といった日本を代表する大企業の経営者たちがドラッカーから大きな影響を受けたといいます。

　ドラッカーが生まれたのは第一次世界大戦前です。ドラッカーが生きた時代と現代とは社会のあり方や人々の考え方も大きく変わっています。しかしドラッカーの言葉は、現代人にも当てはまるものばかりで古びることがありません。

　そればかりか、最近では若い起業家やビジネスマンの間でもドラッカーの著作が広く読まれています。

　時代が変わってもドラッカーの教えが古びることがないのは、彼が常に人間の本質を見つめ、人間の幸せを考え続けてきたからだといえるでしょう。

☑ KEY WORD
時間

資源の中でもっとも希少なもの。蓄積できないので、有効利用しないことには生産性を向上できない。そのためドラッカーは、時間を管理したり時間の浪費原因を探ったりして、ムダのないタイム・マネジメントをする必要があると説いている。

☑ KEY WORD
劣後順位

取り組むべきではない仕事の順番のこと。ただし、取り組むべき価値を失った仕事を捨てるには、それ相応の勇気が必要となる。そのためドラッカーは、この劣後順位は分析するよりも決定することのほうが難しいと説いている。

☑ KEY WORD
優先順位

取り組むべき仕事の順番のこと。ドラッカー曰く、優先順位の決定には、①過去ではなく未来を選ぶ、②問題ではなく機会に焦点を合わせる、③独自性を持つもの、④無難なものよりも変革をもたらすものに焦点を合わせる、という原則があるとしている。

☑ KEY WORD
強み

「強み」とは他人や他社よりも秀でている点。ドラッカーは、強みには、ヒト・モノ・カネを集中的につぎ込むべきであり、逆に弱みに対しては無視するか後回しにしてもよいとしている。また、他人や他社がやりたくないことをやるのも強みである。

Chapter

5

Drucker
mirudake notes

知の巨人が教える
自己実現法

人はどんなに歳を重ねても
成長する生き物。そして、成長は喜びに
つながるもの。昨日より今日、今日よりも明日。
私の教えを知って、理想的な自分を追い
求めてもらいたいと思います

仕事をがんばっているけど、 なかなか思うような成果があがらない。 そんな理想と現実のギャップに悩まされている人も、 少なくないかもしれません。 今よりももっと成果をあげる自分になるためには、 どうしたらいいでしょうか？ ドラッカーはセルフマネジメントについても教えています。

01 成果をあげるための5つの習慣

「自分で意思決定をして成果をあげる者には、5つの習慣がある」とドラッカーは説いています。

ドラッカーは自分で意思決定をして行動するビジネスパーソンを「**エグゼクティブ**」と呼びました。一般的にエグゼクティブとは企業の重役や上級管理職などを指します。しかし、自分の意思で行動しているのであれば、新入社員でも部下がいない平社員でも、ドラッカーが定義するエグゼクティブになることができるのです。

ドラッカーが考えるエグゼクティブ

営業のやり方を再考してみよう

〇

✕

前例に従ってマニュアル通りにやろう

ドラッカーのことば
現代社会では、経営管理者ではない多くもまたエグゼクティブである！

エグゼクティブというと、経営幹部や上級管理職などをイメージしがち。しかし、ドラッカーが定義するエグゼクティブは、部下がいない社員、役職がついていない社員も含まれます。自分で意思決定を行い、責任を持って行動する人であれば、誰でもエグゼクティブなのです。

ドラッカーが考えるエグゼクティブは成果をあげる人物ですが、成果をあげるために役立つ「**5つの習慣**」があります。①時間を体系的に使うこと、②周囲から何を期待されているのか意識すること、③強みを活かすこと、④重要事項から始めてそれに集中すること、⑤効果的な意思決定を行うこと。これらの5つの習慣をぜひ身につけてください。

成果をあげるための5つの習慣

①時間を体系的に使う

まず、自分の普段の時間の使い方で、何に時間をとられているかを確認します。そこでムダな時間の使い方をしているところをなくして、体系的にスケジュールを管理するようにします。

②周囲からの期待を意識する

「自分のやりたいこと」ではなく、「周囲にどう貢献できるか」を考えるべきです。周囲が自分にどういうことを期待しているのかを意識するようにしましょう。

③強みを活かす

自分の弱みを克服することよりも、強みを活かすことを考えましょう。可もなく不可もなくという人物より、ひとつでも武器がある人のほうが強いのです。

SENSE!

12時になったらランチ、13時からは会議だ

私はデザインセンスが売りなんだ

これからも斬新な企画を提案します

君に期待している点は企画力だよ

決断

あれもこれも……焦るなぁ

今はこれに集中だ！

決断をくだします！

④最初に重要事項に集中する

同時にいくつかの仕事を並行して行う人もいますが、成果をあげる人は重要な仕事から始めて、それだけに集中します。

⑤効果的な意思決定を行う

場合によっては、組織や業績に大きな影響を与えることを決めなければいけません。そんなときは成果をあげられる意思決定を行います。意思決定の方法は134～135ページを参照してください。

02 仕事の本当の価値は会社の外にある

企業の真の役割は、外の世界とのつながりの中で発揮されるもの。社内のことだけを考えていると、本当の成果を見失います。

企業の公式HPに掲載されている企業理念には、その会社が持つ社会に対する使命が書かれていることがあります。また、社会に対する役割を語る企業のトップも数多くいます。社員として会社の中で毎日の仕事に忙殺されていると忘れがちになりますが、「組織の目的は、**社会に対する貢献**である」とドラッカーはいっています。

会社のことだけ考えると視野が狭くなる

組織の中で働いていると、その人の関心や意識は社内に向けられていく傾向があります。意識して社外に目を向けるようにしないと、人の視野は狭くなってしまうのです。

ドラッカーは「**組織が成功して大きくなるほど、エグゼクティブは社会における本当の仕事と成果に対しておろそかになる傾向がある**」という言葉を残しています。仕事における本当の成果は、会社の外の世界に対して生み出すものなのです。ですが、会社員はまず社内のことに能力や興味を注いでしまうので、会社の外の世界のことを忘れてしまいがちになるのです。

仕事の価値は会社の外の世界にある

会社は社会の中に存在しているので、会社の外の世界に貢献してこそ、本当の成果をあげているといえます。社内だけでなく、社外に目を向けないと、仕事の本当の価値はわかりません。

03 自分自身を プロデュースする

自分の強みを自分自身で把握し、それを活かす働き方を実践することが大事だと、ドラッカーは説いています。

ドラッカーが提唱した概念として「**知識労働者**」があります。知識労働者は自分の知識で企業や社会に貢献する労働者のことです。知識労働者と対照的なのがマニュアルに従って働く労働者ですが、自分で考えて働く知識労働者こそが、自ら意思決定して組織に貢献する存在であるエグゼクティブだとドラッカーはいっています。

知識を使って働く、知識労働者

知識労働者は、前例がないケースでも知識を使って対応します。知識労働者には、研究開発、高度技術者、外科医、経営者などが該当します。

124

知識労働者として働き、エグゼクティブを目指すためには、自分の考えや意思が重要です。自分にどういう価値があるのかを見極め、自らをマネジメントしないといけないのです。自分の価値を高めるために、自分の仕事のやり方や、自分の置かれた状況などを把握しましょう。そのうえで自分の強みをどう活かせばいいのかを考えることが大切だと、ドラッカーは説いています。

強みを把握して自分をマネジメント

よりよい成果をあげる方法のひとつとして、自分自身をマネジメントするというものがあります。自分自身をマネジメントする際には、自分の強みをしっかりと把握して、その強みを活かすことが重要です。

04 フィードバック分析で自分の強みを探す

ドラッカーは、自分の強みを知るための手法であるフィードバック分析を自分自身にも課していました。

これまでのページでもたびたび紹介した通り、ドラッカーは自分自身の強みを活かすことを重視しています。「でも、何が自分の強みなのかわからない」という人も多いでしょう。ドラッカーは自分の強みを知るための方法として、**フィードバック分析**という分析方法を推奨しています。フィードバック分析を行うことが、セルフマネジメントの第一歩なのです。

結果を振り返って自分の強みを分析する

自分の強みを知るための方法としてドラッカーが進めているのが、フィードバック分析です。

フィードバック分析の第1歩は、「○○日後までに○○をする」などのように具体的な目標を決めることです。決めた目標は頭の中にとどめておかず、必ず書き出すようにしましょう。目標を書くことで、目標がより具体的に感じられるはずです。

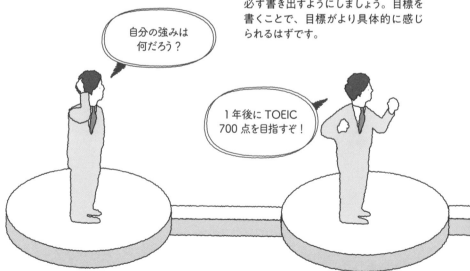

自分の強みは
何だろう？

1年後に TOEIC
700 点を目指すぞ！

フィードバック分析では、まず「一年で○○の資格をとる」などといった目標を立てます。目標は必ず書き出すようにします。決めていた期限になったら、実際の達成度と目標を比べます。何が達成できて、何が達成できなかったのか、その理由は何かなどを分析していくことで、**自分でも気づいていなかった自分自身の強み**が明らかになるのです。

ドラッカーは「強みを知る方法はフィードバック分析ひとつしかない」と断言しています。彼自身もフィードバック分析を50年も続けていると著作『プロフェッショナルの条件』に記しています。

ドラッカーのことば

私もフィードバック分析を50年間、実践しました！

決めていた期限がきたら、結果を振り返ります。「計画通りにできたか」「問題はなかったか」「ほかによい方法はなかったか」などを検討。その中で、自分が得意なことは何なのか、という自分の強みが見えてきます。

達成した！

自分は
毎日コツコツ勉強
するのが得意
なんだな

05 人は教えるときにもっともよく学ぶ

「人は教えるときにもっとも学ぶ」とドラッカーはいっています。
教えることは自分の成長につながるということです。

仕事で経験を積むと、後輩や部下などに仕事のやり方を教える機会も増えます。
人に教えることは、実は教える側にとっても大きなメリットがあります。**仕事に
必要な知識をわかりやすく伝えるため、改めて自分の中の知識を整理することにな
り、自分が学んだプロセスを再確認することができるからです。** 教える場は、貴重
な学びの場だといえるでしょう。

人に教えるとき、学び直すことができる

人にものを教える際には、自分の知識や技術を再確認することができます。
また、自分が特に意識せずにやっていることも言葉にするので、曖昧な部
分がなくなります。人にものを教えることで、自分が学び直すことができる
のです。

実際にドラッカーも、「情報化時代にあっては、いかなる組織も**学ぶ組織**にならなければならない。しかしそれは同時に、**教える組織**にもならなければならない」といっています。仕事を通じて得た知識や技能は、ひとりで抱え込むのではなく組織内で共有することが大切です。教え合う文化を築くことが、成長する組織をつくることになるのです。

教え合う組織をつくることが重要

知識や技術を独り占めにしては、会社全体の成果があがりません。組織は知識や技術、組織ならではのノウハウを教え合う土壌をつくることが大切です。

06 自分の価値観に誇りを持つ

「働く者の価値観と、組織の価値観が合致していないと成果はあがらない」と、ドラッカーはいいました。

ある企業に入社してキャリアを重ねていくと、その人なりの価値観ができあがるものです。ドラッカーは「組織の中で成果をあげるためには、**働く者の価値観**が、組織のそれと合致できるものでないといけない」と語っています。つまり、ある人物が会社で出世できたとしても、自分の価値観と合う会社でなかった場合、成果はあがりづらくなります。

働く人の価値観と企業の価値観の関係

ドラッカーは、自分の価値観に誇りを持ち、自分の価値観を優先させていました。そのため、「働く人の価値観と組織の価値観に矛盾があってはいけない」と語っています。社員と企業の価値観が衝突するというケースは、非常に不幸なことです。

ドラッカーは「合致できるものでないといけない」といっているのですから、組織の価値観と自分のそれが完全に同じである必要があります。とはいえ、自分の価値観が組織のものと違ってくるということは、現実問題として起こりえます。転職するというのもひとつの方法ですが、自分の考えを大事にして、組織の中で自分の価値観を活かせる場がないか探してみましょう。

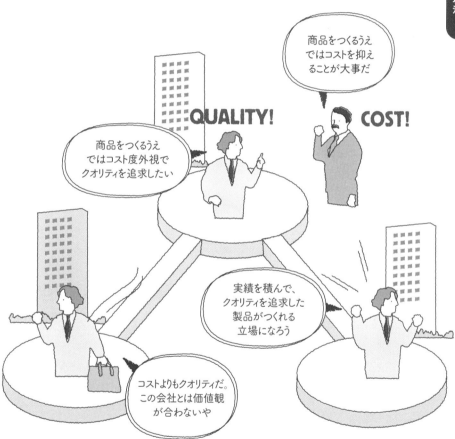

勤めている会社と価値観が違った場合、価値観が合う会社に転職するというのもひとつの方法ですが、その前に現在の会社の中で自分の価値観を活かせる場所がないか探してみましょう。

07 価値観の合う場所でこそ 真の実力が発揮できる

「仕事で成果をあげるためには、価値観の合う場所を探すべき」 とドラッカーは説いています。

適材適所という言葉があるように、人が実力を発揮できる場所は人によって異なります。ドラッカーも「いるべき場所を知ることで、人は傑出した働きを見せることができる」と語っているように、自分の強みを発揮できる価値観の合う場所を探すようにすべきでしょう。そのような場所でこそ、人は**真の実力**を発揮して、成果を生み出すことができるのです。

価値観の合う場所は人によって違う

人が力を発揮することができる場所は、人によって違います。真の実力を発揮するためには、自分にとって本当に価値観の合う場所にいることが重要です。

とはいえ、価値観が合わないからといって、入社してすぐに退社してしまうのは早計かもしれません。自分と価値観の合う場所は、社外ではなく組織内にある可能性があるからです。組織にはさまざまな役割やチームがあり、ポジションの異動によって価値観がマッチし、劇的に成果があがるということもあります。

価値観の合う場所は組織内にある可能性も

真の実力が発揮できる価値観の合う場所は、社内にあるかもしれませんし、社外かもしれません。何よりも重要なのは、その場所を見つけることにあります。

成果をあげる意思決定をするための５ステップ

「物事に対して決断をくだすための理想的なプロセスが５つある」と、ドラッカーはいいました。

ビジネスの現場は日々決断の連続。自分を高めていくためには、望ましい決断をしていく必要があります。ただし、意思決定とは、あがってきた議題をイエスかノーで判断するのではなく、実務レベルにおろさないといけません。そこで、ドラッカーが提唱した**意思決定のための５ステップ**を知っておくと、より的確な判断がくだせるようになるでしょう。

５ステップで適切な意思決定を行う

望ましい意思決定をするためには5つの手順を踏む必要があります。すぐに決定をくだす前に、まずは問題を明らかにすることから始めましょう。

解決には何が必要なのだろう？

問題

よくある問題なのか特殊な問題なのか

問題

条件1 条件2 条件3

ステップ①

直面している問題がどういった種類のものか確かめます。誰にでもどこでも起こる一般的な問題なのか、それとも例外的な特殊な問題なのかを明らかにしましょう。

ステップ②

必要条件を明らかにします。問題解決のために最低限、何が満たされなければならないのかをハッキリさせるのです。

5ステップとは、①直面している問題がどういった種類のものなのか正しく把握する、②問題解決のための必要条件を確認する、③意思決定において「何が正しいか」を考える、④決定したことを実行に移す、⑤意思決定について間違いがなかったか検証するというものです。**問題が生じた場合は、第1ステップに戻るようにしましょう。**

ステップ③

ここでは今回の問題において「何が正しいのか」を考えます。妥協を選ばないといけない状況も多くありますが、何が正しいのかを明確にしておかないと、間違った方向で妥協してしまう危険性があります。それを避けるため、何が正しいのかを知っておくのです。

何が正しいことなのだろう？

問題

正しいか　正しくないか

決めた通り行動するぞ

ステップ④

ここまでの段階で決めたことを実行します。どんな行動が必要か、誰の行動が必要なのか、よく考えましょう。また、この意思決定について知らせるべき人たちには周知するようにしておきます。

問題

実行

解決した！

解決

問題

ステップ1からやり直しだ

RESTART!

まだ問題が解決しない場合は、ステップ1に戻って、修正したうえで再びステップ1～5をたどります。

ステップ⑤

意思決定をやりっぱなしにせず、フィードバック（検証）を行います。ここまでのステップでの検討や行動に関して間違いがなかったかなどを検証します。

09 仕事以外で自分の居場所を見つけることも大切

本業以外の居場所をつくることは、本業においてもおおいにプラスだとドラッカーは説いています。

「プライベートのことなど顧みず、一心不乱に仕事に打ち込んだ」といった態度が美談として語られたのは、昭和などの昔の話でしょう。実際、現代ではプライベートを重視している人が増えています。**ドラッカーも仕事以外の充実したものを持つように勧めています**。ドラッカー曰く、「逆境のときには単なる趣味を超えた第二の人生や第二の仕事が大きな意味を持つ」と説いています。

会社の評価がすべてではない

会社などの職場にしか、自分の居場所や人間関係を持っていないと、仕事において挫折や行き詰まりを感じたときに、逃げ場がない状態になってしまいます。

仕事という本業を持ちながら、それとは別に第二の人生や第二の仕事によって、会社以外にも**自分の居場所**をつくることができます。そうすることで、心に余裕が生まれ、視野も広がるのです。仮に本業で行き詰まったり挫折を感じたりすることがあっても、本業以外での活動で人から必要とされる喜びを感じられれば、再び本業に戻るための自信を得ることができます。

第二の人生、第二の仕事が自分を救う

勉強のための学校、ボランティア、本業とは違う仕事などによって、「第二の人生」「第二の仕事」と呼べるものがあると、自分の居場所が増えます。そうした場所で他人から必要とされる喜びを感じられると、本業における自信がよみがえります。

知られざるドラッカーの人物像⑤

日本画の虜になり
生涯にわたって
収集した

　ドラッカーは、日本画を熱心に集めていました。

　ドラッカーが日本画に出合ったのは、20代前半、ロンドンの銀行で働いていた頃のことです。雨宿りのために偶然入った画廊で日本画展が開催されていたのでした。

　それをきっかけに日本画に夢中になったドラッカーは、生涯を通して、日本画について学ぶようになりました。

　ドラッカーが好んだのは色鮮やかな浮世絵ではなく、水墨画や禅画、文人画で、来日するたびに探し求めました。そして、日本美術を通じて日本の特質を論じた文章を発表したり、大学で日本画に関する授業を行ったりしました。

　自分のコレクションを使って日本画の展覧会を開いたこともあるほどです。

　ドラッカーは「日本画家は空間を見る。先に線を見ることはしない。これが日本の美意識である」と語っています。ドラッカーは、日本画独特の美意識には自らの経営哲学に通じるものがあると感じていたのです。

☑ KEY WORD

エグゼクティブ

自らの仕事において意思決定をし、その貢献に責任を負う人。企業の重役や上級管理職に限らず、知識労働者全般を指す。目標や基準、貢献という責務を負う知識労働者は、全員エグゼクティブである必要があるとドラッカーは述べている。

☑ KEY WORD

成果をあげるために必要な5つの習慣

ドラッカーが説いた、成果をあげるために必要な5つの習慣。その習慣とは、①時間を体系的に使うこと、②周囲から何を期待されているか意識すること、③強みを活かすこと、④重要事項から始めてそれに集中すること、⑤効果的な意思決定を行うことの5つ。

☑ KEY WORD

知識労働者

組織の目的に沿いながら、ほかの人にその成果を活用してもらってはじめて貢献ができる人たちのこと。専門家や研究者などのスタッフ関係だけではなく、管理者も含まれる。仕事量やコストではなく、貢献度によって評価される人のこと。

☑ KEY WORD

フィードバック分析

客観的に自分を判断するために有効な手段のこと。具体的な目標を立てて仕事し、期限になったら、その仕事が達成できているかを照合して分析することで、自分の強みや弱みが明確になると、ドラッカーは説いている。

Chapter

6

Drucker
mirudake notes

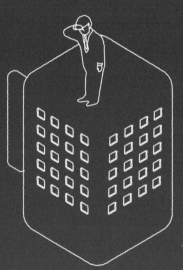

ドラッカーに学ぶ
企業戦略

13410200
56400390
30098000...

> 勝つか負けるか、
> 熾烈（しれつ）な競争をしている企業を観察
> すると、多種多様な戦略があることが
> わかりました。今後、ビジネスで成功を
> つかみたいという人は必見です

世の中にはたくさんの企業がありますが、利益をあげるためにどんな戦略をとっているのでしょう。ドラッカーはさまざまな企業の戦略を研究し、体系づけた人でもあります。現代のビジネスパーソンが知っておくべき企業が生き残るための競争戦略を紹介します。

業界のトップを狙う総力戦略

01

ドラッカーは「市場アプローチには4つの戦略がある」と説きました。そのうちもっともギャンブル性が高いのが総力戦略です。

総力戦略とは、最初から大きな市場のトップを狙う戦略です。企業の総力をあげて新商品を開発し、大々的に宣伝をうち市場を席巻するという戦略で、成功すれば業界を代表する企業になるだけに、一般的には「最高の企業家戦略」といわれています。ただし、**その座を奪おうとするチャレンジャーが必ず現れるため、地位を維持することは容易ではありません。**

業界のトップに立つことを狙う

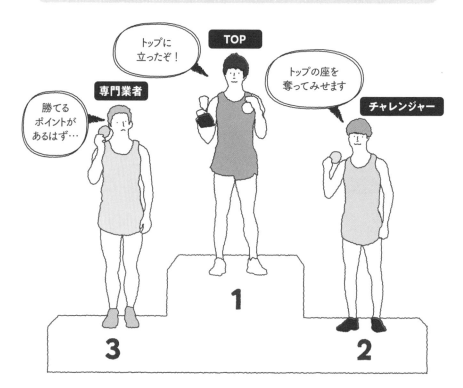

多くの場合、**トップから陥落するのは「トップをとった」という成功体験にしがみついてしまうことが原因です**。トップを維持するためには、成功体験を捨てる覚悟で、徹底した事業の分析と思考を続けなければいけません。そして、すべてのプロセスを革新しつつ、計画的に価格を下げていく努力をしなければ、業界トップで居続けることは非常に困難なのです。

トップを維持するには成功体験を捨てる

今までやってきたことが、必ずしもこれからも通用するとは限りません。トップに立っても成功体験にしがみつくことなく、たゆまぬ努力を続けていくことが大切です。

どんどん
革新していくよ！

しがみつきすぎた…

成功体験

ドラッカーのことば

総力戦略は、大きなチャンスにしか使うべきではありません

143

02 他社の成功をひと工夫して真似する創造的模倣戦略

創造的模倣戦略は敵の弱点をつく攻撃を仕掛けることから、ドラッカーは「ゲリラ戦略」とも呼びました。

どんな新商品でも、発売直後は顧客の評価を受けていないので、改善の余地が山ほどあります。そんな新商品に改善を加え、元の商品以上にする戦略をドラッカーは「**創造的模倣戦略**」と呼びました。模倣するという点では柔道戦略と同じですが、創造的模倣戦略は他社の事業が成功したものを工夫し、競争優位の事業をつくるという違いがあります。

他社の商品は改善の宝庫

NEW RELEASE!

社長！A社の売れている新商品です！

よし！それ以上のものをつくってやる！

スピードが肝心だぞ

ドラッカーのことば
創造的模倣は製品ではなく市場から、生産者ではなく顧客からスタートします

「技術はあるが商品化できない」「商品化できても販売できない」といった開発型の企業はたくさんあります。**創造力はないけれど改善力には自信がある企業や、顧客ニーズを反映させるのが上手な企業は、創造的模倣戦略が向いているでしょう**。この戦略は、市場の観察やネット検索、弁護士への依頼料と少しの創意工夫さえあれば、労せずして大きな成果をあげられます。

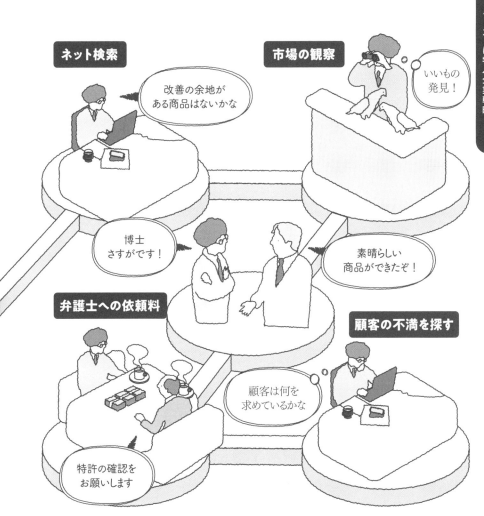

03 他社の失敗を活用する 柔道戦略

他社の成功をひと工夫して真似するのが創造的模倣ならば、他社の失敗をひと工夫して真似するのが柔道戦略です。

時計のクオーツはスイスで開発されました。また、トランジスタはアメリカのベル研究所で開発されました。しかし、クオーツもトランジスタも時期尚早として放置されました。**そこにつけ込んだのがセイコーでありソニーでした。**両社は他社の力を利用して、世界の時計業界とポータブルラジオ分野でトップの座に就いたのです。

他社が失敗、放置したサービスや商品を真似る

コピー業界ではゼックロスが世界のコピー機市場を席巻しており、同社はさらなる高機能・多機能・高価格の市場を狙って商品開発を進めていました。ところが、大きくなったコピー機市場では、低機能・単機能・低価格の市場が手薄になっていたのです。**そこにつけ込んだのがキヤノンなどの日本企業でした。**他社が開拓した市場を、ほぼ無競争で手に入れた同社のやり方は、**柔道戦略**のひとつとしてとらえられています。

04 非競争の状況をつくる 生態的ニッチ戦略

ドラッカーのいうニッチ戦略とは、生態的ニッチ戦略のことです。動植物が競争を避けて適所で生息する方法を真似するものです。

効率を追う大手企業に対して、中小企業が強みを発揮できるのは、効果を優先する相対的に小さな市場です。効率と効果の違いとは、一体どのようなものでしょうか。たとえば、スーパーで売られている卵は1パック200円〜300円程度です。多くの顧客の場合、安価な値段で購入することを望んでいますが、中には美味しい卵であれば1パック1000円でも買いたいという人がいます。

競争を避け適所で生息するニッチ戦略

ユーカリの葉しか食べないコアラのように、競争を避けた場所で生息する方法を真似た戦略がニッチ戦略です。

他社に追随して激しい市場に参入しても、市場のシェアがとれなくては疲弊するだけです。中小企業が大手に追随したところで、経済規模には歴然の差があり勝ち目はありません。そこで、先ほどの卵の例のように大手と非競争の戦略をとるのが、ドラッカーのいう**ニッチ戦略**です。総力戦略の逆パターンといえる戦略で、中小企業にはベストといえる戦略です。

効率よりも効果を追求する

「効率よりも効果」がニッチ戦略の重要なポイント。

05 特定市場のノウハウを武器にする専門市場戦略

専門知識を売りにする専門市場戦略で重要なのは、「事業領域を決定することだ」とドラッカーは説きました。

「**専門市場戦略**」は、ニッチ戦略のひとつです。対象市場を熟知している専門家となり、特定の市場に対するノウハウを武器にするのが特徴となります。特定の「何か」について知っているのではなく、その市場全体に詳しいことが重要。市場の専門家ですから、顧客企業に対して一般的な情報提供ではなく、コンサルティングができることが強みです。

対象市場の専門家になる

150

また、専門家ですから、特定の市場に変化が現れたとき、「対応するために何が必要か」を分析・検討し、必要とするサービスや商品、制度などを提案することができます。**ここで大事なのが、何を専門市場とするかです**。知識は経験と体系的な学習によって身につけられますが、「市場（＝事業領域）」を決定しなければ、学習の対象がどんどん広がってしまいます。

事業領域を決定する

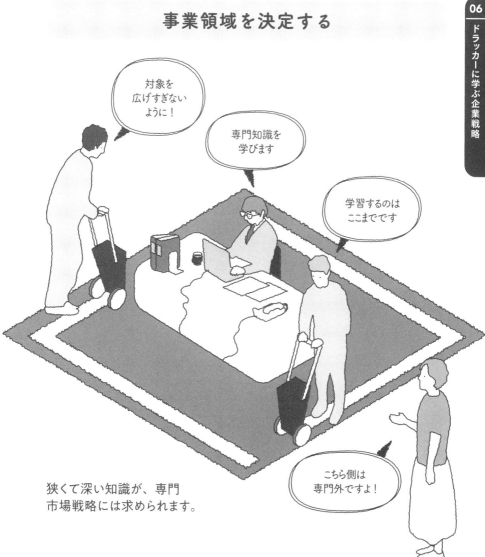

狭くて深い知識が、専門市場戦略には求められます。

顧客の価値を基準にする価値創造戦略

ドラッカーは、顧客の価値を基準にした売り方をすることも重要な戦略のひとつだと説きました。

「**価値創造戦略**」とは、モノを売るのではなく、そのモノを買って得られる効用を商品にして販売すること。つまり、**物理的な商品を顧客の視点で捉え直すのです**。たとえば、卸売業を「小売店の購買代理業」と定義すると、粗利益を20%以上得るのは難しいです。ところが、「売れる商品の企画提案業」と定義すれば、より高価格で販売することができるようになります。

価値を提案する企業

商品ではない価値を提案できれば、より利益率を高められるかもしれません。

具体的にいえば、調味料としての酢は数百円ですが、「健康にいい酢」として売られている酢は数千円することもザラです。原材料に大きな差はないのになぜ価格に差が出るかというと、価値が「調味料」から「健康食品」に変わったからです。「酢」ではなく「健康」を売っているので、元気になった顧客はリピーターになり、口コミで商品を広げてくれるようになります。

顧客の価値に合った売り方

07 値段の意味を変える 価格戦略

最終的に顧客の手にする額を変えずに、生産者が顧客の負担を減らすこと。それが、ドラッカーの説いた価格戦略です。

ドラッカーは**価格戦略**の説明に、コピーサービスを例に挙げました。今でこそオフィスに必ず一台は置いてあるコピー機ですが、そんな当たり前の光景をつくったのがコピー機メーカーのゼロックスです。ゼロックスは、コピー機を普及させるためにコピー機自体を販売するという方法をとりませんでした。「コピーする」というサービスに注目したのです。

値段の意味を変えたコピー機

コピー機自体は大変高価ですが、コピー1回あたりのサービスを売るのであれば安価な価格設定ができます。ゼロックスは、**コピー1枚あたりのサービスを5セントで売る**ことで、コピー機をオフィスに普及させたのです。つまり、モノからサービスへのイノベーションを起こしたのです。1枚5セントであれば雑費で落とせる、というのもポイントでした。

値段の意味を変えたコピー機

08 顧客の事情を
戦略にしてしまう事情戦略

顧客が商品を買う事情を汲み取ることが大事だと考えたドラッカーは「顧客の都合を最優先にせよ」と説きました。

顧客の「困った」を解消する商品やサービスを提供する戦略を、**事情戦略**とドラッカーはいいました。たとえば、「研究開発用のネジが1個だけ欲しい。100個入りのほうが単価は安いけれど、99個がムダになる」という顧客の悩みに「1個からでも注文を受け付けますよ」と応えるのです。99個が無駄になるのであれば、1個あたりのネジは多少高くてもいいというのが顧客の都合です。

顧客が何に困っているのか汲み取る

また、ある金型製造業は、24時間注文を受け付けています。納期によって料金は異なりますが、特急、超特急にも対応し、「できるだけ早く欲しい」という顧客の都合に応えられるシステムをつくっているのです。これは、価格競争では勝てない中国に対する策でもあります。**事情戦略で重要なのは、効率よりも効果を優先し、100% 顧客の都合（事情）に合わせることです。**

他社にできないことがチャンスになる

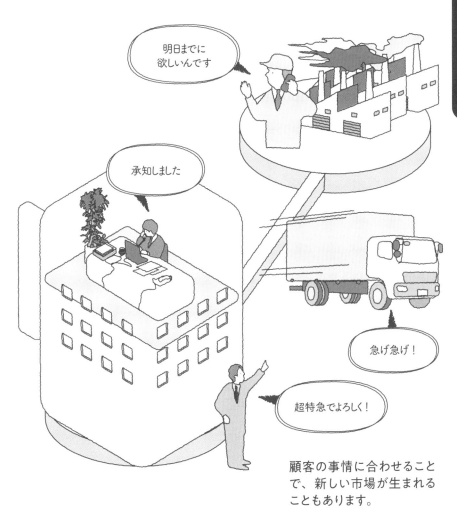

顧客の事情に合わせることで、新しい市場が生まれることもあります。

知られざるドラッカーの人物像⑥

60年間
人生を共にした
最愛の妻・ドリス

「人生の最高の幸せは彼女 (妻・ドリス) に出会えたこと」と語っているように、ドラッカーは非常に愛妻家でした。

ドリスとはドイツの大学で出会い、その後イギリスで再会しました。

そのときドラッカーは、地下鉄の長いエスカレーターの上りに、ドリスは下りに乗っていて、お互いにすれ違うときに気づくという印象的な出会いでした。ドリスは大学で法律と経済、物理学を学び、その後ロンドンで市場調査員として働いた後、市場調査の会社を設立していました。

再会から 4 年後、ドラッカーが 27 歳のときに 2 人は結婚し、アメリカへ移住しました。アメリカに向かう旅行が新婚旅行でした。

ドリスはドラッカーと結婚後も、4 人の子どもを育てながら、大手出版社の科学誌編集者や弁理士として活躍し、60年以上にわたってドラッカーを支えました。1996 年には自ら発明した製品を商品化し、その経営にも携わっています。

ドリスは 2014 年に 103 歳でこの世を去っています。

☑ KEY WORD
総力戦略

新しい産業や市場、もしくは新しいシステムをつくりだして、最初からトップの地位と市場の支配を目指す戦略。成功すれば成果は大きいが、いっさいの失敗が許されない戦略でもある。最高の企業家戦略といわれているが、ドラッカーは勧めていない。

☑ KEY WORD
創造的模倣戦略

すでに誰かが行ったことを模倣し、改良を加えてよりよいものを創り出し、市場の支配を目指す戦略。すでに需要があり市場ができているため、市場調査によって顧客のニーズをつかみやすい。それゆえ、リスクが少ない戦略といえる。

☑ KEY WORD
ニッチ戦略

一般的には隙間（ニッチ）を狙う戦略を指すが、ドラッカーのいうニッチ戦略とは、動植物が競争を避けて適所で生息する方法を真似しようとする生態的ニッチ戦略のことを指す。小さい市場を狙えば大企業が参入してくることはなく、うまみのあるビジネスが展開できる。

☑ KEY WORD
価値創造戦略

商品の意味を見直して、新たな価値を提案し、市場や顧客を獲得していく戦略。たとえば、食材としてのしじみは 100 グラムあたり数百円だが、肝臓にいい健康食品としてのしじみであれば、グラムなどの重さでは計れない価値を生み出すことができる。

☑ KEY WORD
事情戦略

提供する企業側が、顧客の事情に合わせて商品やサービスを提案し、市場や顧客を獲得する戦略。「深夜、早朝を問わずいつでも買い物をしたい」という消費者の生活事情に合わせた 24 時間営業のコンビニエンスストアが好例。

Chapter

7

Drucker
mirudake notes

イノベーションの
起こし方

どんなに素晴らしい商品やサービスであっても、それよりもいいものが現れると、途端に陳腐化してしまいます。それには継続的な改善と革新（イノベーション）が必要不可欠となります。どうすればイノベーションを起こせるのか？　そのこともドラッカーは教えてくれています。

01 予期せぬ成功を活かす

イノベーションの中でももっとも易しく、もっとも成功に近い
ものが「予期せぬ成功」だと、ドラッカーはいいました。

予期せぬ成功は突然やってきます。実際、「こんなものは売れない」と、役員
会議でダメ出しされたものが爆発的なヒットを飛ばすことがビジネスの世界で
は少なくありません。ただし、花は突然咲くわけではなく、咲く前には何らか
の兆候があります。予期せぬ成功は、花のつぼみを見つける作業に似ていると
いわれています。

予期せずに成功することもある

会社で「売れない」という判断をされても、市場では受け入れられること
があります。予期せぬ成功として、ダイキン工業のエアコン「うるるとさら
ら」が知られています。

予期しない偶然の成功をそのままで終わらせてしまっては、人間や企業の成長はありません。重要なのは「**予期せぬ成功が必ず目にとまる仕組みをつくること**」だとドラッカーは説きます。予期せぬ成功は、経営環境の変化の兆しでもあります。それが何の兆しであるかを分析することです。さらに予期せぬ成功はニーズの変化、新しいニーズの出現であるともいいました。

予想に反してうまくいったときはチャンス！

02 予期せぬ失敗も活かす

ドラッカーが「予期せぬ成功」とともにイノベーションのチャンスとして挙げているのが、「予期せぬ失敗」です。

「**予期せぬ失敗**」とは、想定外の業績不振やコスト増大、顧客からのクレームなどの失敗のことです。慎重に企画・開発して販売したのに失敗した場合、そこには市場からの重要なメッセージが含まれています。つまり**「市場はこれを求めているはずだ」という判断を間違えてしまったわけです**。「やり方を変えればうまくいく」という考え方では泥沼にはまってしまいます。

予期せぬ失敗は市場からのメッセージ

「市場はこれを求めている」
という独断が間違っている。

味も素材も
最高なのに、なぜ
売れないんだ？

だってわたしたち、
フレンチに飽きて
しまったんだもん

予期せぬ失敗が起こったときは、新たな価値の創出（イノベーション）の兆候としてとらえなければならないと、ドラッカーはいいます。そのとき重要なのは、**「市場のニーズが変わった」という謙虚な姿勢で軌道修正することです**。市場が変化し始めるとき、データや消費者の行動には表れません。変化が発生している現場に行き、現場を見て、よく聞くことが重要です。

市場の変化は現場で学べ！

市場の変化は現場に行かないとわかりません。また、仮に失敗しても軌道修正する謙虚な気持ちを持つことが重要です。

03 常識や思い込みを疑う

「予期せぬ成功と失敗」と同様、ドラッカーが実現しやすいイノベーションの切り口としているのが「4つの不調和」です。

業績は悪くないが、いまひとつ伸び悩んでいる場合、ドラッカーのいう「不調和（ギャップ）」が生まれている可能性があります。 それは市場の実態とアプローチのズレであり、事業として望ましい姿と事業の実情とのズレでもあります。ズレのタイプは「需要と業績」「現実とそれに対する認識」「企業と消費者の価値観」「プロセス」の4つに分けられます。これを**4つの不調和**といいます。

伸び悩み＝4つの不調和

「需要と業績」 業界が伸びているにもかかわらず、事業が伸びていない。

うわー！どんどんズレていく〜！

「現実とそれに対する認識」 現実を見誤り、業績に影響が出ている。

「企業と消費者の価値観」 企業が考えていることと、消費者が求めることが一致していない。

「プロセス」 そもそも仕事のプロセスに問題がある。

業界が成長しているのに自社の業績は伸びない。それが「需要と業績」のズレです。売るタイミング、売る対象、売り方などが間違っていないかのチェックが必要です。「現実とそれに対する認識」のズレとは、現実を誤ってとらえ、間違った努力をしているパターンです。業界の常識や思い込みは、ビジネスチャンスの妨げになります。まずは常識を疑って、改善点を検討しましょう。

改善＝常識や思い込みを疑う

そのときはうまくいったものの、前提条件が変わっていることがあります。

04 傲慢さや独断を拭い去る

「価値観ギャップの背後には、必ず傲慢と硬直がある」とドラッカーがいうように、消費者に対する間違った思い込みは禁物です。

企業と消費者との「**価値観の不調和**」は、「消費者はこう考えているはず」という思い込みから起こります。**いくら市場に商品を投入しても、消費者の価値観とズレていれば利益はあがりません。**たとえば「携帯電話はより高性能のほうがいい」という思い込みが強いと、「携帯電話は電話がかけられれば十分」という機械が苦手な人の価値観を察知することはできないのです。

消費者との価値観のズレ

多機能、高性能だからといって必ずしも売れるとは限りません。消費者の価値観に沿うことも必要です。

一方、「**プロセスの不調和**」というのもあります。提供しているモノやサービスは悪くないのですが、仕事のプロセスが悪いために業績が伸びないパターンです。この場合は、売り方が間違っていて、本当に必要な人に届いていない可能性があります。つまり「届け方、提供方法」というプロセスに問題があるのです。この場合、プロセスを修正すれば、イノベーションは実現できるでしょう。

プロセスが悪いと業績が伸びない

需要はあるはずなのに売れない場合、売り方が間違っている可能性があります。プロセスの不調和を疑ってみましょう。

３つのニーズを見つける

05

ドラッカーは「ニーズは具体的でなければいけない」といっています。ニーズを見つけることがイノベーションにつながります。

イノベーションのきっかけになるのは、「満たされていないもの」「欠けているもの」に気づくという視点です。ニーズとは存在しないものに対する要望であり、視覚化されてないので発見するのは難しく、事業の改善につなげるニーズとなればなおさらです。ドラッカーはイノベーションを導く **３つのニーズ** として、①プロセス・ニーズ、②労働力ニーズ、③知識ニーズの３つのニーズを挙げています。

ないもの、すなわちそれがニーズ

ずいぶん小さいな氷山ですね

海面下には見えない大きなニーズがあるんだよ！

①プロセス・ニーズ
利用方法や購入手段などのプロセスについて、消費者のニーズに応えられていない。

②労働力ニーズ
労働力の体制に変革が求められているのに、そのニーズに応えられていない。

③知識ニーズ
新しい知識が必要とされているのに、そのニーズに応えられていない。

①のプロセス・ニーズがある状態とは、問題ないように見えても、利用方法や購入手段などのプロセスについて、消費者の潜在的な要望に応えられていない状態のことです。②の労働力ニーズとは、労働力の体制を変革することで、市場とのズレを解消し、ニーズに応えることです。③の知識ニーズとは、新しい知識が必要とされているのにもかかわらず、知識が欠落している状態です。

軌道修正でニーズを満たす

イノベーションを生む 5つの着眼点

工程の生産性の悪い部分の改善がイノベーションにつながります。気づきを与えてくれるのがドラッカーの5つの前提です。

プロセス・ニーズは「やり方を変える」だけで成功する場合があります。ドラッカーは、ニーズをイノベーションにつなげるためには、次の**5つの前提**があるといいます。①完結したプロセスであること、②欠落や欠陥が1カ所であること、③変革の目的が明確であること、④目的達成のために必要なものが明確であること、⑤「もっとよい方法があるはず」という認識が社会に浸透していること。

やり方を変えるだけで成功する

5つの問い
①プロセス自体は合っている？ ②問題点や欠落部分はある？
③変革の目的は明確か？   ④目的のために必要なことは明らかか？
⑤社会に「もっとよい方法があるはず」という意識はあるか？

プロセス・ニーズに応えることで新しい市場を開拓した好例として、深夜の集荷にも対応してくれる宅配クリーニング業者があります。独身会社員にとっては、平日にクリーニング店に訪れる時間がないので利用する機会はほとんどありませんでした。しかし、深夜でも集荷するというプロセスの改善で、独身会社員という潜在的なニーズをつかむことに成功したのです。

5つの前提で問題点を探す！

07 変化のタイミングを見逃さない

産業構造はいつでも変化しえるものです。「構造変化はその外にいる者に機会を与える」とドラッカーも語っています。

安定した業界であっても、産業構造が大きく変化することがあります。**音楽配信サービスによって大打撃を受けたCD販売といった産業はその例でしょう**。ドラッカーによれば、**産業構造の変化**は、次のようなときに起こるといいます。①ある産業が急速に伸び、産業規模が2倍に成長するとき。②複数の技術が合体したとき。③仕事の仕方、働き方が大きく変化したとき。

産業構造はあっけなく崩壊する

音楽配信サービスの台頭

複数の技術が合体
＋
産業が急激に成長

音楽配信サービスの成長に伴い、CD販売は大打撃を受けた。

業界というものは、そこで長年働いている人にとっては安定しているように見えるものですが、産業と市場は常に一定というわけではありません。前述の音楽業界の例にあるように、産業構造の変化によって新たなニーズが誕生すれば、そのニーズをいち早くつかんだ企業が勝ちます。つまり、産業構造の変化のタイミングを逃さなければ、チャンスをものにすることができるのです。

産業構造の変化 ＝ ビジネスチャンス

産業構造の変化を敏感に感じとることができれば、大きなビジネスチャンスをつかむことが可能です。

08 年齢構成の変化は イノベーションの好機

「人口構造の中でも年齢構成の変化が重要」とドラッカーがいうように、人口構造の変化はイノベーションの絶好の機会です。

市場の外部で起こる変化もイノベーションのチャンスになることがあります。それは、需要構造そのものが変化してしまう場合です。ドラッカーは外部環境に表れる変化として、①人口構造の変化、②物事に対する社会の認識の変化、③新しい知識の出現の3つを挙げています。①は人口の増減だけでなく、年齢や性別の構成、雇用状況、教育水準や所得階層など、すべてを指しています。

年齢構造の変化はビジネスチャンス！

人口構造が変われば、「何がいちばん必要とされるのか」も変化します。しかも人口構造の変化は、予測も簡単にでき、いつ頃起こるかという時期もわかります。人口構造の中でも、特に**年齢構成の変化に注目することが重要です**。先進諸国では少子高齢化が進んでおり、早めに高齢者の雇用、生産部門の機械化（ロボット化・IoT化）などに備えておくと、他社が対応に追われている間に市場のシェアを獲得できます。

何が必要とされるのかを探る

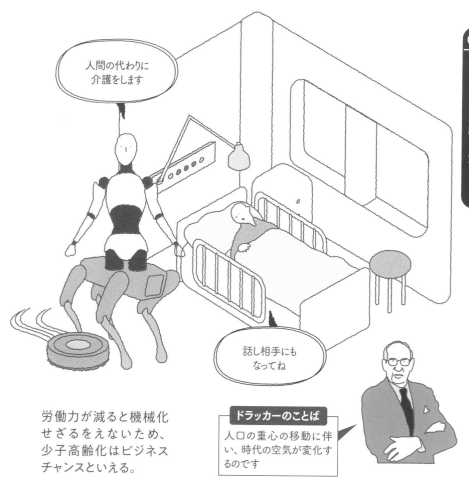

人間の代わりに
介護をします

話し相手にも
なってね

労働力が減ると機械化
せざるをえないため、
少子高齢化はビジネス
チャンスといえる。

ドラッカーのことば

人口の重心の移動に伴い、時代の空気が変化するのです

177

09 見方が変わると ニーズも変わる

世の中の認識（見方）が変わるとき、イノベーションが生まれる絶好の機会となります。

コップに半分入っている水を「半分もある」と見るか「半分しかない」と見るかで意味は大きく違ってきます。**ドラッカーは、世の中の認識が「水が半分もある」から「半分しかない」に変わるとき、イノベーションの機会が生まれると説きました。** かつて日本では「水と安全はタダ」といわれましたが、「お金を払ってもよいものを買いたい」という人が増え、ミネラルウォーター市場が生まれました。

「半分しかない」はチャンスを生む

認識の変化に気づくことがビジネスチャンスにつながる！

認識の変化は新しいニーズの誕生を意味します。しかし、このような認識の変化は一時的かもしれませんし、局地的かもしれません。そのニーズをすくい上げるビジネスがどんな結果を生むのか予測することは、ほとんど不可能です。認識の変化をイノベーションにつなげるには、失敗に備えつつ、いち早く、小規模に、範囲を限定してビジネスを立ち上げることが大切です。

ビジネスはいち早く立ち上げる

ビジネスで重要なのはタイミング。
チャレンジする勇気が必要です。

10 新しい知識で イノベーションを起こす

ドラッカーは「知識によるイノベーションを生むには、ほかの
いかなるものよりマネジメントを必要とする」と説いています。

新しい知識から生まれるイノベーションは、テクノロジーによって新たな商品
が開発されるなど、もっとも「イノベーション」のイメージに近いものです。
ただ、そのような知識によるイノベーションを生み出すためには、①綿密な分析、
②戦略的な市場への投入、③経営者の舵取りの3つの条件が不可欠だとドラッ
カーは指摘しています。

多くの時間・資金・人材が必要

新しい知識によるイノベーションは、一朝一夕とはいきません。たとえば新型コロナウィルスのワクチンなどは、開発にも時間がかかりますし、競合の製薬会社も多くあります。しかも、研究開発資金や人材不足など、経営者はさまざまな舵取りに迫られます。**イノベーションの定番のようにも思われますが、じつはもっとも実現するのが難しいのがこのタイプなのです。**

イノベーションは容易ではない

11 イノベーションはアイデア だけでは生まれない

アイデアは諸刃の剣。「成功するか失敗するかは誰にもわからない」とドラッカーは警鐘を鳴らしています。

イノベーションは、しばしば素晴らしい**アイデア**によって実現します。それで事業を生み出すことができれば、得られる利益は計りしれません。しかし、アイデアによるイノベーションは、企業が体系的に起こせるようなものではないのです。ドラッカーも、アイデアを源にして商品開発をしても、成功する確率は低く、開発費などの投資を回収できることはごくわずかだと指摘しています。

アイデアだけに頼るのは危険だが……

またいいアイデアを思いついたぞ！

成功してほしいなぁ

アイデアで商品開発をしても、成功する確率は低い。しかし、アイデアを生み出さないことには事業は続きません。

アイデアは直感的なもので、ひらめきから世界的なヒットが生まれる可能性は、どの事業にも存在します。たとえば、洋服の上着にあるファスナーは、ボタンよりもあとに誕生しました。ボタンがあれば事足りるにもかかわらず、ファスナーが生まれたのです。このアイデアは、**学ぶことも教えることもできない素晴らしいひらめきです**。それゆえに、アイデアをバカにすることはできないのです。

アイデアは素晴らしい

知られざるドラッカーの人物像⑦

教えることに喜びを感じた多彩な文筆家でもあった

　ドラッカーは、子どもの頃から本を読んだり作文を書いたりするのが好きで、飛び級をして1年早く小学校を卒業するほど優秀でした。

　ドラッカーはドイツ語、英語、フランス語、スペイン語を習得し、人に教えることを喜びに感じ、教えるほうが教えられるよりも学ぶことが多いと考えていました。

　ドラッカーは、常に学んで向上することを目指し、2年から3年ごとに新しいテーマを見つけては、じっくりと時間をかけて勉強しました。

　数えきれないほどの本を出しているドラッカー。30歳のときに最初の著書『「経済人」の終わり』を出版してから経営や経済だけでなく、歴史、文学、美術などの本も出し、1982年にははじめての小説『最後の四重奏』も出版しました。

　それまでの人生を振り返って、ドラッカーは自らを「The Happiest man（もっとも幸福な男）」だと語っています。

☑ KEY WORD

予期せぬ成功

予想に反して成功すること。イノベーションのなかでもっとも簡単で、もっとも成功に近いものが「予期せぬ成功」だと述べている。ただし、予期せぬ成功はニーズの変化であり、新しいニーズの出現。分析を怠り、ひとつのやり方に固執すると次の成功をつかめなくなる。

☑ KEY WORD

予期せぬ失敗

予想に反して失敗してしまうこと。予期せぬ失敗は顧客の認識や価値観に変化が起こっている場合がある。ドラッカーは、予期せぬ失敗はチャンスであり、イノベーションの兆候だとも述べている。

☑ KEY WORD

イノベーションを生む5つの着眼点

ニーズをイノベーションにつなげるための5つの着眼点。それは、①完結したプロセスであること、②欠落や欠陥が1カ所であること、③変革の目的が明確であること、④目的達成のために必要なものが明確であること、⑤「もっとよい方法があるはず」という社会の認識。

☑ KEY WORD

年齢構成の変化

イノベーションを可能にするために必要な変化のひとつ。少子高齢化が進む日本において、この年齢構成の変化はさまざまなイノベーションを生み出している。老人を介護するロボットや、建物のバリアフリー化、高齢者向けの宅食デリバリーサービスなどは顕著な例といえる。

ドラッカー年表

西暦	できごと
1909年	11月19日にオーストリア・ウィーンで生まれる。
1914年	シュバルツバルト小学校に入学。
1918年	私立小学校に転校。生涯の恩師・エルザ先生に指導を受ける。
1923年	社会主義者のデモに参加。先頭に立つも途中で離脱し、自らが観察者であることに気づく。
1927年	ハンブルクの貿易商社に就職。同時に、ハンブルク大学法学部に入学。
1929年	フランクフルトの米系投資銀行に証券アナリストとして就職。フランクフルト大学法学部に編入。世界大恐慌勃発。ニューヨーク株が暴落して失職する。経済紙の新聞記者としても働く。
1931年	働きながらフランクフルト大学で助手になり、国際法の博士号を取得。将来の妻・ドリスと出会う。
1932年	ヒトラーに何度もインタビュー取材を行う。
1933年	ロンドンに移住し、ドリスと再会。証券アナリストから転職し、銀行のシニア・パートナーの補佐役として勤務する。
1937年	ドリスと結婚して、アメリカへ移住。英国新聞社のアメリカ特派員として働く。
1939年	処女作となる『「経済」の終わり』を刊行。
1942年	バーモント州ベニントン大学の教授になる。『産業人の未来』を刊行。
1943年	ゼネラル・モーターズから依頼を受け、18カ月間のマネジメント調査を開始し、1946年『会社という概念』の刊行に結実。
1950年	『新しい社会と新しい経営』を刊行。
1954年	『現代の経営』を刊行。マネジメントの父といわれるようになる。
1957年	『変貌する産業社会』を刊行。
1959年	初の来日。日本の古美術品収集を始める。
1964年	『創造する経営者』を刊行。

1966年	『経営者の条件』を刊行。
1969年	『断絶の時代』を刊行。
1971年	クレアモント大学院大学教授に就任。
1973年	マネジメントの集大成である『マネジメント―課題、責任、実践』を刊行。
1976年	『見えざる革命』を刊行。
1977年	『状況への挑戦』を刊行。
1979年	自伝『傍観者の時代』を刊行。クレアモント大学で5年間にわたって日本画の授業を始める。
1980年	『乱気流時代の経営』を刊行。
1982年	『変貌する経営者の世界』と処女作『最後の四重奏』を刊行。
1985年	イノベーションを体系化した世界初の経営書 『イノベーションと企業家精神』を刊行。
1986年	『マネジメント・フロンティア』を刊行。
1989年	『新しい現実』を刊行
1990年	『非営利組織の経営』を刊行。
1992年	『未来企業』を刊行。
1993年	『ポスト資本主義社会』『すでに起こった未来』を刊行。
1995年	中内功との往復書簡『挑戦の時』同じく『創生の時』と『未来への決断』を刊行。
1999年	『明日を支配するもの』を刊行。
2000年	日本独自のシリーズ企画（「はじめて読むドラッカー」シリーズ）、『プロフェッショナルの条件』『テクノロジストの条件』『イノベーターの条件』『チェンジ・リーダーの条件』を刊行。
2002年	『ネクスト・ソサエティ』を刊行。アメリカ大統領から民間人勲章「自由のメダル」を授与される。
2005年	日本経済新聞社にて「私の履歴書――20世紀を生きて」を連載。11月11日、クレアモントの自宅にて死去（95歳）。

普通の人が今以上に 活躍できる社会へ

『ドラッカーの教え見るだけノート』をお読みになって いかがだったでしょうか？

「マネジメント」や「リーダーシップ」と聞くと、何だ か特別な能力が必要で、この本を読めばそれらが身につ くと思った方もいたかもしれません。ドラッカーはそう いったものを否定しました。なぜなら、普通の人でも今 以上に活躍できる社会こそが、理想的であると説いてい るからです。

ドラッカーは幼少期にピアノを習っていましたが、そ のときに身についたのが、"日々の努力の積み重ね"や、 "成し遂げる"という習慣でした。曲を上手に弾くという 目的を達成するには、同じ曲を繰り返し練習するしかあ りません。

これはピアノに限った話ではなく、成果をあげるため

には、能力や知識は関係ないということです。むしろ、主体性を持ってやるべきことに取り組めるかどうかが重要なのです。

　読者の多くは何かしらの職業についている方だと思いますが、今後仕事をしていくうえで、思うような成果があげられなかったり、リーダーシップを発揮できなかったりする場面もあるかと思います。でも、決してあきらめることはありません。ダメだったとき、思うようにいかなかったとき、「自分に能力が足りなかったから……」とか、「自分に知識が足りなかったから……」などと考えてしまったら、ぜひ本書を思い出してください。

　ちなみに、私事になりますが、今までにドラッカーに関する本をたくさん出しています。本書を読んでドラッカーについて興味を持った方は、私のほかの本も一読していただければ幸いです。

藤屋伸二

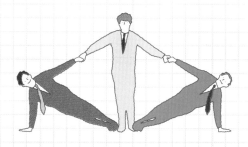

◎主要参考文献

『明日を支配するもの』

『イノベーションと企業家精神』

『経営者の条件』

『現代の経営 上・下』

『創造する経営者』

『ネクスト・ソサエティ』

『マネジメント 課題、責任、実践（上・中・下)』
(以上すべて P.F. ドラッカー 著、上田惇生 訳、ダイヤモンド社)

『図解で学ぶ　ドラッカー入門』
(藤屋伸二 著、日本能率協会マネジメントセンター)

『図解で学ぶ　ドラッカー戦略』
(藤屋伸二 著、日本能率協会マネジメントセンター)

『まんがと図解でわかる　ドラッカーリーダーシップ論』
(藤屋伸二 監修、宝島社)

『別冊宝島 1710 号　まんがと図解でわかる　ドラッカー』
(藤屋伸二 監修、宝島社)

『図解　やるべきことがよくわかる　ドラッカー式マネジメント入門』
(竹石健 編著、イースト・プレス)

『1 時間でわかる　図解ドラッカー入門　「マネジメント」があなたの働き方を変える！』
(森岡謙仁 著、KADOKAWA)

STAFF

編集	細谷健次朗、柏もも子（株式会社 G.B.）
執筆協力	川村彩佳、村沢 譲、龍田 昇
本文イラスト	本村 誠
カバーイラスト	ぷーたく
カバーデザイン	別府 拓（Q.design）
本文デザイン	別府 拓、深澤祐樹（Q.design）
DTP	矢巻恵嗣（ケイズオフィス）

監修 藤屋伸二 (ふじや しんじ)

1956年生まれ。1996年、経営コンサルティング会社を設立。
1998年に大学院に入り、「マネジメントの父」と言われるドラッカー
の研究を始める。現在は、ドラッカー理論を「値上げ戦略」の視点
から再編成し、中小企業を対象にしたコンサルティング、経営塾、
執筆活動を複合的に行っている。著書・監修書は『図解で学ぶドラッ
カー入門』(日本能率協会マネジメントセンター)、『ドラッカーに学ぶ
「ニッチ戦略」の教科書』(ダイレクト出版)、『まんがと図解でわか
るドラッカー』『まんがでわかるドラッカーのリーダーシップ論』(ともに
宝島社) など30冊を超え、累計発行部数は241万部を超える。

毎朝5分で学ぶ
ビジネスリーダー「ゼロ」からの心得!
ドラッカーの教え見るだけノート

2021年 2月19日　第1刷発行
2022年10月25日　第3刷発行

監修　　　藤屋伸二

発行人　　蓮見清一
発行所　　株式会社 宝島社
　　　　　〒102-8388
　　　　　東京都千代田区一番町25番地
　　　　　電話　営業:03-3234-4621
　　　　　　　　編集:03-3239-0928
　　　　　https://tkj.jp

印刷・製本　サンケイ総合印刷株式会社